人はなぜ物語を求めるのか

千野帽子 Chino Boshi

JN259715

★――ちくまプリマー新書
273

目次 ＊ Contents

第2章　どこまでも、わけが知りたい……43

扉イラスト　シャルロット井上

はじめに

人間の思考を解き明かす、ふたつのなぞなぞ

つぎのふたつのなぞなぞ（どちらも、とても有名ななぞなぞです）は、人間の考えや行動の秘密を教えてくれます。

問1
ある国の、ある村には、伝統的な雨乞いの踊りがある。
それをやると一〇〇パーセント雨が降る、と村人は口を揃《そろ》えて言う。
さて、それはいったいどんな踊りか？

問2
ある男がその息子を乗せて車を運転していた。すると、車はダンプカーと激突して大破し

た。

救急車で搬送中に、運転していた父親は死亡し、息子は意識不明の重体。

救急病院の手術室で、運びこまれてきた後者の顔を見た外科医は息を呑《の》んで、つぎのような意味のことを口にした。

「自分はこの手術はできない、なぜならこの怪我《けが》人は自分の息子だから」

これはいったいどういうことか？

このふたつのなぞなぞは、人間の思考の枠組のひとつである「物語」がどういうものであるかを、僕に教えてくれました。

どうかみなさんも、考えてみてください。

このなぞなぞは、正解に達して終わりというものではありません。

正解に達したときが、人間にとって「ストーリー」や「物語」がどういう存在であるかを考え始める出発点です。

ストーリーは人を救いもするし、苦しめもする

「ストーリー」は人間の認知に組みこまれたひとつのフォーマット（認知形式）です。

このこと自体は、ただの事実であり、いいことでも悪いことでもありません。

人間はストーリー形式にいろいろな恩恵を受けています。それなしには人間は生きられないと言ってもいいくらいです。

人がストーリー形式を理解することができなくなったときは、まともな社会生活に必要な記憶や約束といったものがその人のなかで壊れてしまっています。

ストーリーが人を救うこともありますが、そのいっぽうで、僕、あるいはあなた、ひとりひとりの人間の個別の状況によっては、逆にストーリーが人を苦しめたりすることがあります（正確には、僕やあなたがストーリーを使って自分を救ったり、苦しめたりすることがある、というべきでしょう）。

ストーリーが人を救ったり、逆に苦しめたりするとはどういうことか。

これについても、追い追い書いていこうと思います。

ストーリーのせいで苦しむのは、自分が「物語る動物」であるという自覚がないからなのです。

「人間は物語る動物である」ということを自覚することで、ストーリーのフォーマットが悪く働いて自分が苦しい状況に陥る危険を減らし、あわよくば「ストーリー」のいいとこだけを取って生きていきたい。

僕はそういう虫のいいことを考えています。

僕たち人間が「物語る動物」である、ということには、いったいどういう意味があるのでしょうか。

それについて、この本で考えていきたいと思います。

第1章

あなたはだれ？　そして、僕はだれ？

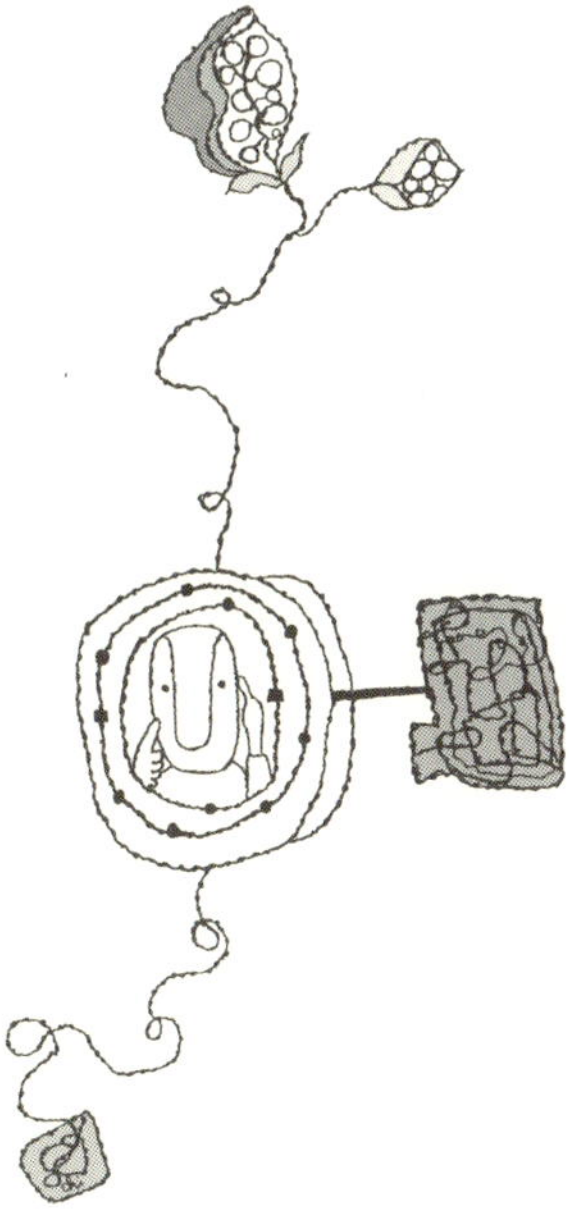

1　あなたは「物語る動物」です

あなたは「物語る動物」です。僕も「物語る動物」です。

「物語る動物」どうし、なかよくしましょう。

なかよくする近道は、自分が「物語る動物」であることを、おたがい自覚することです。

僕は千野帽子といいます。

僕は日本の地方都市に生まれ、日本の大学と外国の大学院を出て、勤め人をしているときに、こうやって文章を書く仕事もはじめました。

長いこと京都に住んでいましたが、二年半前に神戸近郊に引っ越しました。

どうかよろしくお願いします。

できごとと時間とストーリー

いま、自己紹介で経歴を述べるとき、僕はできごとを時間順に並べました（じつは就職のほうが外国の大学院の修了より先なのですが、順番が入れ替わってます）。

もちろん「いまは神戸に住んでるけど、二年半前までは京都にいたよ」というふうに、時間を逆にさかのぼることもできます。いずれにしても、「できごと」を語っています。

できごとを語るということは、「できごとの前」「できごとのあと」という前後関係ができるということです。つまり、「時間の流れ」のなかで世界を把握する、ということになります。というより、「できごと」という把握と「時間」という概念・感覚は別個に存在するのではなく、時間を前提としなければできごとという把握はないし、できごとという捉えかたがあるからこそ時間というものを想定することができるのです。

僕は自分の人生を、

地方都市に出生

←日本の大学を卒業

←外国の大学院を修了

←勤め人になる

←

ライター仕事を始める

京都から神戸近郊に転居

↓

という「ストーリー」として把握している、ということですね。

要するに僕は「自分は何者か?」ということを、ストーリーの形で把握しているわけです。

ストーリーと物語とナレーション

さっき僕は、つぎのような「文」を作りましたね。

「日本の地方都市に生まれ、日本の大学と外国の大学院を出て、勤め人をしているときに、こうやって文章を書く仕事もはじめました。長いこと京都に住んでいましたが、二年半前に神戸近郊に引っ越しました」

ストーリーを表現する「文」には、物語《ナラティヴ》という性格があります。物語とは、ストーリーを(口頭で、手話で、文字で)語る言葉の集まりです。僕の自己紹介はひとつの物語なのです。ほんとうは言葉だけではなく、いろんな要素がストーリーを伝えるのに使われるのですが、もっとも基本的で大事な役割を果たすのは言葉だと、本書では考えます。

ニュースを読むアナウンサーの言葉、落語を話す落語家の言葉、新聞記事や小説の字面は、いずれもストーリーを伝えているという意味で、物語なのです。

なお、文を作るとか、口頭で言うとかいったこと一般を「発話」と言います。その発話内容に「ストーリー」があるときは、その発話は語り《ナレーション》という性格を帯びます。

履歴書の学歴・職歴欄を書くときには、前記の「←」でつながった「ストーリー」を頭のなかで完全に組み立ててから「文」を書きますね。

いっぽう、さっきあなたが読んだ文章のばあいはそうではなく、僕が「文」を書いていくと同時に、頭のなかで「ストーリー」ができあがっていきました。自分の人生の記憶のなかから、なにをチョイスするかを、ほぼ即興で決めたわけです（就職と大学院修了の順番が入れ替わってるのは、そのせいかもしれません）。

以上のように、ストーリーと、その発現形である「物語」との関係には、

(a)頭のなかにあらかじめできあがったストーリーを言葉にする。

(b)言葉を発しながらストーリーを手探りで作っていく。

このふたつの極があります。厳密に言えば語りは(b)の要素が強い作業だといえます。

人は多くのばあい、つまり台本を丸暗記して一字一句そのとおりに暗誦《あんしょう》するとき以外は、

(b)のやりかたで発話しています。じっさいに起こっていることは、頭のなかにぼんやりと方向づけられたストーリーの部品を、言葉にしながら発見・調整するうちに、最終的には細部が決まっていく、ということなのです。

このことを、フランスの哲学者アランが、つぎのように言っています。

〈言葉を発すれば、私自身の存在を他人に説き明かすのと同じように、私自身にも説き明かすことになる。言ったことのなかで、他人の姿が私の目に明らかになるのと同じように、私自身の姿も私の目に明らかになる〉(『感情　情念　表徴』六六、拙訳)

人間は物語る動物である

ここまで見てきたように、人は、「自分は何者か?」というだいじなことを言おうとすると、「物語」の形で言わざるを得ません。

そして

「自分の家族は何者か?」

「自分が勤めている会社はどういうものか?」

「自分が住んでいる国は?」

「自分が生きているこの世界は？」

といったことについても、「ストーリー」の形で理解しようとします。

人間は、時間的前後関係のなかで世界を把握するという点で、「ストーリーの動物」です。そして、そのストーリーを表現するフォーマット＝物語に、人間の脳は飛びついてしまいます。人が語っているのを聞くときも、自分が語る番が回ってきたときも。

人間はしんそこ「物語る動物」なのです。

認知心理学に多大な影響を与えたジェローム・S・ブルーナーは、こう言っています。〈人のコミュニケーションにおいて、もっとも身近にあり、もっとも力強い談話形式の一つが物語だ〉。〈物語構造は、言語による表現が可能となる前の、社会的実行行為の中に本来備わっているほどである〉（『意味の復権　フォークサイコロジーに向けて』岡本夏木他訳、ミネルヴァ書房）。

またカナダ出身の実験心理学者スティーヴン・ピンカーは〈二歳児はごっこ遊びの開始とともに、生涯つづく物語の創作と理解をはじめる〉（『人間の本性を考える』山下篤子《やましたあつこ》訳、NHKブックス）と書いています。

ブルーナーもピンカーも、〈物語〉という語を、本書で言う〈ストーリー〉の意味で使っています。本書では、ストーリーというものを、世界を時間と個別性のなかで理解するための枠組、としてとらえています。

人間には「ストーリー」のほかにも世界を把握する枠組を持っています。たとえば「アナロジー」（類推）。でも、それについて話すと脱線するので、この本ではストーリーに集中します！

「私」も物語の形をしている

さきほどの自己紹介で、僕の人生をかいつまんで物語の形にしました。

でも、とくに伏線とか、おもしろい部分とか、山場とか、オチとか、そういうものはありませんでしたよね？

同じようにひとりの人間の人生を聞かせる（読ませる、見せる）ものでも、「身の上話」や小説や大河ドラマだったら、さっきの僕の自己紹介よりは、おもしろさは格段にアップしています。そういう物語でなくてごめんなさい。

ところで、大学を卒業してからもう二〇年以上経っています。そんなむかしの僕と、さっき自己紹介をした僕とでは、なんだか別人のようです。

こうやっていま書いてきた文章をいったん見直して、さてどう続けようかと僕は考えています。気分転換のためにお茶をいれて、飲んでいます。「温かくておいしい」と感じている僕は、さっきまで「さてどう続けようか」と考えている「僕」と、どうもうまく合致しない。

文章では「僕」といって実体化していますが、じっさいにキーボードを打っているのは「指」だし、お茶を飲んでいるのは「口」です。

その指も、口も、そして脳内に思い出されている「大学卒業時の僕」像も、それを思い出しているこの男も、またこの文章をどう続けようか考えているその男も、その全員を便宜上「僕」とまとめてしまうのは、よく考えるとちょっと大雑把なのではないでしょうか。

では、どういう仕組で、このすべてを「僕」と呼んでいるのでしょう?

認知神経科学においては、自己というものは全人格のなかの一部に過ぎず、そのありかたは状況に応じてつねに刻々と変化しつづけてやまない、という考えかたが出ています。

この「僕」「私」という表現は、複数の瞬間的な自己像をパラパラ漫画のようにつなぎ合わせて、なにか一貫した実体であるかのように物語ることによって生じる、と考えることもできる、というのです。

「僕」「私」が一貫した存在であるというのも、ちょっとした嘘《うそ》というか、誤魔化しの結果そう考えているだけなのかもしれません。そして、物語はそういう「主人公の一貫性」が大好きなフォーマットです。

「自己」概念は、物語的に構成されている。そう気づいたのは、神経科学者〈アントニオ・ダマシオやマイケル・S・ガザニガ〉だけではありません。

「自分である」ということ（＝アイデンティティ）は、時系列のなかで一貫性を持つものとして構成されているひとつの「仮定」である。この考えかたを、ドイツの哲学者トーマス・メッツィンガーとフランスの哲学者ポール・リクールとが、それぞれまったく違ったアプローチで指摘しています。リクールはそれをはっきり〈物語的アイデンティティ〉と呼んでいるのです。

2　どんな内容の話が物語る価値があるとみなされるのか

「できごと」と「状態」

ストーリーを言葉で表現する（物語る）とき、物語を構成する言葉には、どのような形が見られるでしょうか。「桃太郎」の冒頭を見てみましょう。

(1)むかしむかし、あるところに、おじいさんとおばあさんが住んでいました。
(2)ある日、おじいさんは山へ芝刈りに、おばあさんは川へ洗濯に行きました。
(3)おばあさんが洗濯していると、川上から大きな桃が、どんぶらこ、どんぶらこ、と流れてきました。

(1)は「××している」(住んでいました)という形からわかるように、特定の「状態」をあらわしています。

(2)と(3)はそれにたいして、ある一日のなかの「できごと」を報告しています。「状態」は静止していますが、「できごと」は、それが「起こる前」と「起こったあと」とに、時間を分割します。「できごと」とは、「状態」の変化なのです。

このうち(2)は、前後の文脈を考慮すると、**日常的に繰り返される「できごと」**を報告していると判断されます。つまり、いつものようにおじいさんは山へ芝刈りに、おばあさんは川へ洗濯に行ったのだろうと推測されます。

ちなみに、(2)が日常的に繰り返される「できごと」を報告しているという証拠は、じつは文面のなかにはありません。だから、

「その日、おじいさんとおばあさんが一緒に住むようになって初めて、芝刈り・洗濯に行っ

た」

と解釈することも、不可能ではありません。

でもきっと、そのように解釈する人は、あまりいないでしょう。日本人が持っているスキーマ（一般的な概念の枠組として働くデータ構造）では、「洗濯」とはそういうものではないからです。

いっぽう(3)は、この日かぎりの一回性のできごと、あるいは少なくとも、日常的に起こるわけではないできごとを記述しています。一般に、そういうできごとを人は、報告に値するできごとと考えます。

つまり、

(1)は状態、(2)(3)はできごと

を記述していますが、そのいっぽうで、ストーリーのなかで

(1)(2)は「地」（背景）、**(3)は「図」**（意識の志向対象）

を記述しているということになります。

(3)のように、**非日常的なできごとは報告される価値（tellability, reportability）**が高いとされ、じっさい、優先的に報告されます。それは新聞やTVやネットの重要なコンテンツで

ある「ニュース」のことを考えればわかると思います。

日常生活も同様です。僕らは日々、ストーリー形式で人生を把握しているので、親と激しく喧嘩《けんか》した、好きな人に告白してつきあうことになった、定期券の期限が切れた、子どもが熱を出した、などのできごとには報告価値があると見なされます。

日常的なできごと

逆に、困ったこともあったがとりあえずきょうも一日無事学校（仕事）に行って帰った、きょうもごはんをおいしく食べることができた、鍵を忘れず持って出かけ忘れず持って帰ったので家に入ることができた、うちの猫がきょうも便秘せずに立派なうんこをした、などのことは、「地」（背景）と化して、意識にすらのぼらなくなります。

ストーリーというのはなんだか、もったいないこともしているのですね。無事に家に入ることができたなら、どうかときには、

「きょうは鍵を忘れず持って出かけ忘れず持って帰ってくれてありがとう。よくやったよ私」

と、ナイスな自分をねぎらってみてはいかがでしょうか。

さて、日常的なできごとは、報告される価値がないのでしょうか？

たしかに、木から葉っぱが一枚落ちた、という程度のできごとだったら、通常は、ストーリーのなかで省略されてしまいます。

けれど、もし主人公が、木から葉が一枚落ちたのを見て、それで重力の法則を発見してしまったらどうでしょうか？　また、O・ヘンリーの『最後の一葉』の、「もしあの木の最後の一枚の葉が落ちたら、私は死ぬんだ」と思っている人物にとっては、その一枚が落ちるかどうかというのは重大事です（マリー＝ロール・ライアンの『可能世界・人工知能・物語理論』に挙げられている例がわかりやすいので、流用させてもらいました）。

つまり、どのできごとに報告される価値があるか、ということは、どのようなストーリーであるかによっても決まるのです。

たとえ木から葉っぱが一枚落ちた程度のできごとでも、筋《プロット》のなかで機能を果たしていたら、省略することができません。

「状態」と「括復法」の機能は似ている

また「できごと」だけでなく、「状態」も、ストーリーを推進させるのに役立つことがあります。旧約聖書『サムエル記』下巻第一四章第二五―二六節は、アブサロムという人物の姿を記述する部分です（これもライアンが挙げている例です）。彼はイスラエル王ダヴィデの息子で、二度にわたって父に叛旗《はんき》を翻し、二度目は一時的に政権を奪取しました。

〈[25]イスラエルの中でアブサロムほど、その美しさをたたえられた男はなかった。足の裏から頭のてっぺんまで、非のうちどころがなかった。

[26]毎年の終わりに髪を刈ることにしていたが、それは髪が重くなりすぎるからで、刈り落とした毛は王の重りで二百シェケルもあった〉（新共同訳。引用者の責任で改行を加えた。なお王の重りで二百シェケルは二・六キロとも三・四キロともいう）

第二五節は「状態」です。「桃太郎」の(1)に相当します。

いっぽう第二六節は〈毎年〉繰り返される「できごと」を記述しています。「桃太郎」の(2)に似ていますね。でも、少し形が違います。

「桃太郎」の(2)は、「その日一度起こったこと」を記述して、意味内容から「おそらく習慣的なできごとであろう」と推測させるものでした。

これにたいして『サムエル記』下巻第二六節は、〈毎年〉という言葉がはいっていることからわかるように、何回も起こったできごとを一括して報告していることが文面からはっきりわかります。

「オリンピックは四年に一度おこなわれてきたが、政治的事情で開催されなかったことも何度かあった」

「駅前のコーヒー店で豆を買うことはめったにない」（＝過去に少なくとも一回はあった）

〈２０１６年10月からは従来での木曜ネオバラ枠での放送を継続したまま、日曜日18：57―19：58にも『日曜もアメトーーク！』として放送され、週2回放送になった〉（Wikipedia「雨上がり決死隊のトーク番組アメトーーク！」。傍点は引用者）

このような、何回も起こったできごとを一括して報告する語りかたを、フランスの文学理論家ジェラール・ジュネットは「括復法」と呼んでいます。

括復法では「毎週」「四年ごとに」といったサイクルを示したり、「何度か」「しょっちゅう」「めったに……ない」「ふだんは」などの量化子（quantifier）を使ったりして、時間のなかの複数のケースの存在を一括して報告するものです。

括復法は、「できごと」を記述しているのに、「状態」の記述に似ています。筋《プロット》を先に進めないのです。

「状態」の記述（第二五節）と「括復法」（第二六節）とが、似たような機能を持っていることに気づきますね？

どちらも、「アブサロムがどういう人物であるか」を記述しているのです。

描写が筋《プロット》に喰《く》いこむケース

第二五節のような状態を記述する文は「描写」と呼ばれます。第二六節のような例示も、「人物描写」などと呼ばれることがあります。

描写は、あってもなくても、筋《プロット》に関係ないことが多いので、物語を要約するときにはしばしば省略されます。やはり「図」ではなく「地」になってしまうわけです。

けれど、第二六節の情報（アブサロムは年に一度だけ髪を刈る＝ふだんは長髪である）は省略できません。

というのも、アブサロムはこのあと、父王の反撃にあって敗走している途中の森で、低く延びた枝に自慢の長髪が絡まり、宙吊《ちゅうづ》りになったところを敵兵に発見され、殺されてしまうのです。長髪でなかったら、この展開は起こらなかったでしょう。

ストーリーの最低条件は「できごと」の時間順の連鎖で、年表のようなものですが、多くのばあいストーリーはこのように、「できごと」や、ときには「状態」に、それぞれの機能を割り振って、有機的に自己形成した姿《パターン》＝筋《プロット》として、物語の読者・聴き手に読みとられていくのです。

報告価値とはなにか

ここまで述べてきたとおり、ストーリーのなかで「できごと＝事件」とは、「報告する価値があるもの」という側面を、大なり小なり持っています。そして、大きなできごとのほうが、「報告価値」を持つとされる傾向があります。

大きなできごとというのは、たとえば、そのストーリーを語る社会のなかであまり蓋然性が高くないレアな、非日常的なできごと（スポーツの新記録、異常気象、戦争、大事故など）だったり、その社会の法や道徳の基準からはずれるスキャンダラスなできごと（犯罪、不倫など）だったりします。

またそれ以外に、つぎのような説もあります。

〈フランスでは、人気の出る小説は宗教・性・貴族社会・謎という内容物を含むものだという公式があるという〔……〕。この公式に従うなら、報告価値がもっとも高い小説とは、

「『ああ神さま』と侯爵夫人は言った。『私は妊娠してしまいました。そしてだれの子かわかりません』というものとなる〉（ライアン『可能世界・人工知能・物語理論』拙訳）

この「大きなできごと」の「大きさ」は、必ずしも客観的な「大きさ」ではありません。中東の戦争よりも、身近なこと（初孫が初めて立って歩いたことや、近所の人の私生活の情報）のほうが、大きな報告価値を持つというケースもあります。

また、ストーリーを物語る理由は、必ずしもそれが大きなできごとを報告しているからというわけでもないのです。

そもそも、実話であるということには、報告価値があります。人はしばしば、おもしろい作り話や小説や映画よりも、自分に関係のある平凡な実話やニュースのほうに、興味をひかれる傾向があります。

さらに、フィクションである小説を読むときも、舞台となった歴史的な時期のことや、舞台となった地域のこと、あるいは背景となった特殊な社会の慣習や、モデルになった人物のじっさいの人生に興味があって読むということもあるでしょう。

以上はストーリーの内容に関することですが、それ以外に、ストーリーと聴き手との関係によって、ストーリーに報告価値が発生することもあります。

たとえ些細《ささい》なことであっても、聴き手がそれを強く聞きたがっているばあい、ストーリーは報告価値を持ち、そのストーリーを語ることが正当化されます。好きな人ができたら、その人がどのような人生を送ってきたかを――たとえ平凡な人生であったとしても――知りたいものですし、子どものころの写真を見てみたいと思うこともあるでしょう。

最後に、聴き手の心身に特定の感情的な反応を引き起こすことを目的とするストーリーは、語る理由がクリアです。芸人が「すべらない話」をして聴き手を笑わせたり、小説家がエロ小説で読者を性的に興奮させたり、稲川淳二《いながわじゅんじ》さんが怪談話で聴衆を怖がらせたりするのは、特定の感情的リアクションを起こすことを娯楽コンテンツにした結果のことです。

そういえば、一時期「泣ける本」を謳《うた》い文句にした本がベストセラーになりました。また、湊《みなと》かなえさんの小説『告白』は、ある意味「厭《いや》な気分になるためのサプリメント」のような読みかたをされていたと思います。

3 話にとって「内容」は必須ではない

プロットに逆らう「些細な」記述

ところで、言葉で状況の全体を余すところなく報告することは不可能です。では、ストーリーの指示対象となる事態のうち、どの要素を明示し、どの要素については無視するのがいいのでしょうか？　この選択を、ストーリーの語り手はつねに要求されています。

時間の流れのなかで、なにを「地」（背景）とし、なにを「図」（意識の志向対象）とするか、作者・話者（ストーリーの構成者）はさまざまな選択肢のなかから決定しています。

発話のなかにおのずと残されることになるのは、ストーリーの構成者が重要だと見なす要素です。また、もしストーリーを物語《ナラティヴ》として発話するならば、「聴き手が知りたがるだろう」と話者が考える要素が優先して残されます。

けれど、そのいっぽうで、小説や映画などでは、本筋と関係なさそうな「些細な」できごとや状態が記述されることがあります。

ロシア出身の言語学者ロマン・ヤコブソンは「芸術におけるリアリズムについて」（一九二一）という文章のなかで、こういう事態を「筋《イントリーガ》に逆らって」まで「隣接連合によって叙述の密度を高める」ものと呼び、これを「リアリズム」的な要素と考えました（谷垣恵子《たにがきけいこ》訳、桑野隆《くわのたかし》＋大石雅彦《おおいしまさひこ》編『フォルマリズム　詩的言語論』所収、国書刊行会《ロシア・アヴァンギャルド》第六巻）。

イントリーガとは、ロシア語でプロットのこと。隣接連合というのは、ざっくり言うと、時間・空間的に近いところにあるものとの結びつきです。

一九世紀ロシア小説の読みにくさ

ヤコブソンが挙げている例はふたつあります。ひとつはトルストイの『アンナ・カレーニナ』のクライマックス、第七部第三一章でヒロインが鉄道自殺を試みるときに、

〈ちょうど目の前に来た先頭車両の中間点に倒れこもうとしたが、赤いバッグを手から外すのに手間取って、タイミングを逸してしまった。中間点が通り過ぎてしまったのだ。次の車両を待たなければならなかった〉（望月哲男《もちづきてつお》訳、光文社古典新訳文庫、第四巻）

というあたりです。アンナの自殺トライアル一回目は、空間的に近いところにあるバッグという、鉄道自殺とはなんの関係もない、たまたま手に持っていたもののせいで、うまくいきません。

そして語り手は、二回目のトライアルのときに、アンナがちゃんとハンドバッグを放り出したということを、律儀に明記するのです。そうすることで読者は、たんに「列車に飛びこんだ」と書かれた以上のリアル感、という言葉が悪ければ、「説得力」を、感じます。

ヤコブソンが挙げているもうひとつの例は、ゴーゴリやトルストイやドストエフスキーの

主人公が、筋と関係のない余計な通行人と長々と会話する、そしてそこからとくにこれといったストーリー上の発展がない、というケースです。たんに主人公が空間的に近いところにいる人と交わした会話は、小説の思想的な主題に関係があることもありますが（ないこともあります）、ストーリー（登場人物の行動）の展開には関係ありません。だから、小説全体を要約するときにはカットされてしまうでしょう。

ロシア文学は、人の名前がいろんな呼びかたをされるのでキャラクターが覚えにくいと言われます。でも、少なくとも一九世紀ロシア小説の読みにくさの原因は、こういう「本筋が見えてくるまでにページ数がかかる」「本筋かと思ってたら違ってた」といったところにもあるんだろうなあ。せっかちな人にとってこれは、たしかに「なにが言いたいの？」とイライラするところです。でも、「そこがいいんじゃない！」（みうらじゅん）。

物語の本文のなかのこういう、筋に直接絡んでこない要素がどういう効果を持つか、ということについては、ヤコブソンだけでなく、ドイツの文芸学者エーリヒ・アウエルバッハや、フランスの批評家ロラン・バルト、本書でたびたびお世話になっている文学理論家ジェラール・ジュネットも、注目しています。

小説にとってストーリーは、必ずしもメイン要素ではない

ストーリーというものは、最終的には「意味」をめざします。

いっぽう、とくに小説などにおいては、意味に逆らう（ストーリーからはみ出す）ような記述が多く含まれています。

話芸のテクニックを持っている語り手は、内容面での報告価値を持たない話でさえ、じゅうぶんにおもしろく語る（書く）ことができます。そういう芸人さんて、いますよね。文章それ自体がおもしろい書き手は、「内容面での報告価値」がどうとか言うようなことがまったく気にならないようなめちゃくちゃおもしろい小説を書いてしまっている。

口頭の発話でも小説でも、ストーリーの内容ではなく、パフォーマンス（話芸）それ自体のセンスや技術を楽しむことができるのです。

本書はストーリーにかんする本ですが、小説というものはべつに、ストーリーを伝えるための器である必要はありません。小説にとってストーリーはむしろ、文章それ自体のおもしろさを発揮するための口実のようなものでもぜんぜんかまわない。

意味に逆らう（ストーリーからはみ出す）ような記述が少ない物語は、純粋にプロットだけを提示します。無駄がなくていいとも言えますが、言葉（散文）というものを、プロット

を提示するだけのために用いるというのは、それはそれでもったいない話にも思われます。

いや、ほんとは、純粋にプロットだけを提示するというのはあくまで理論上の話なんですよ。そういう小説のばあい、それはそれで往々にして、

「あえての素っ気なさ」「描写がそぎ落とされた感じ」

が伝わってしまうことがある。だいたいハードボイルドな感じがします。純粋にプロットだけを提示するっていうのはなかなか実現しないんじゃないかなあ……。

発話にとって「内容」は、必ずしもメイン要素ではない

もしも、話芸のない語り手・書き手に、報告価値を持たない話を聞かされ・読まされたなら、聴き手・読者は退屈して、「この人はなぜこんな話をするのだろう?」という疑問を持ちます。そしてイライラして、

「要するにどういうこと?」

「だからなに?」

「で、オチは?」

と訊《き》いてしまう。そのストーリーの内容の「意味」はわかっても、それを話す「意味」の

ほうがわからないからです。

でも、さきほど名前を挙げたヤコブソンは、一九六〇年に「言語学と詩学」という講演のなかで、

・儀礼化した、ただの挨拶
・会話を引き延ばすためだけの、だらだらしたやり取り

といった現象が、言語伝達の機能のひとつである〈交話機能〉を担っている、と述べました。

〈交話機能〉とは、話の内容とかではなくて、言語伝達の当事者である話者と聴き手(これはしばしば交替する)の〈接触《コンタクト》〉それ自体をフィーチャーする機能のことです。人間にとって、発話の内容《メッセージ》と、自分が発話する理由とは、いわばべつの層《レイヤー》に存在することもあるというわけです。

ヤコブソンによれば交話機能は、小さな子どもが最初に獲得する言語機能です。子どもはなにか伝える情報がある以前に、まずとりあえず発声・発話による他者との接触《コンタクト》を試みるのだそうです。だとするとこの交話機能は、人間の言語活動のもっともベーシックな部分を支えている、ということなのでしょう。人はこのように、伝えるべき内容(ストーリーその

他のメッセージ）があろうがあるまいが、言葉を発したい生きもののようです。

ヤコブソンはこの交話機能を、人間が鳥と共有するただひとつのもの、と言っています。いっぽう、英国の進化生物学者ロビン・ダンバーは、人間の言語のルーツは哺乳動物の毛繕い《グルーミング》にあるのではないか、という見かたを出しています。

人類の祖先も哺乳類として、グルーミングという肉体的接触によって群の絆《きずな》を維持していた。それが、もっと大きな集団を維持する必要が生じると、全員と肉体的にコンタクトすることが難しくなり、グルーミングの不足を補うために、声による聴覚的コンタクトを用いたのが、言語の始まりではないか、というのです。

もちろんこの説は、実証的に検証することができません。しかしこういう説を目にすると、言語というものはグルーミングにも、また個体間の上下関係を決めるためのマウンティングにも使われるなあと実感します。

人間はストーリーを頭のなかで作りあげざるを得ない動物であるが、同時に、ストーリーなしに接触しあって生きる動物でもある。

言葉というのは、「ストーリー」と「接触」とを両方背負ってしまった、因果な存在なんですかねえ。

【第1章のまとめ】

・人は「世界」や「私」をストーリー形式（できごとの報告）で認識している

・「私」の一貫性は毎瞬意味の違う「私」をパラパラ漫画のようにつなげたものである

・ストーリーの筋においてできごとが起こると、世界がある状態からべつの状態へと遷移する

・できごとは「報告する価値があるもの」として認識され、報告価値は内容だけでなく受信者の状況によっても決まる

・ストーリーは「物語」の形で表現・伝達される

・人が発話するのは、必ずしも「内容」や「ストーリー」を伝えたいからではない

第2章

どこまでも、わけが知りたい

1　ストーリーと「なぜ？」

「あなたは重病です。このままでは一年生きることができません」

「退職を勧告します」

「きみとやっていくのに疲れたんだ。別れよう」

もし、とつぜんこんなことを告げられたら、あなたが最初に口にする言葉はなんでしょうか？

「どうして？」

ではないでしょうか？

人生には、このような不本意なことが、いくつも待ちかまえています。そんなとき、僕たちはなぜ、「なぜ？」と問うのでしょう？

雨はなぜ降ったのか

まず、「はじめに」で書いたなぞなぞの「問1」を思い出してみましょう。

問1
ある国の、ある村には、伝統的な雨乞いの踊りがある。
それをやると一〇〇パーセント雨が降る、と村人は口を揃《そろ》えて言う。
さて、それはいったいどんな踊りか？

正解がわかりましたか？
正解は、「雨が降るまで踊り続ける」です。
さて、村で起こったことは、このふたつのできごとです。

p：おまじないをした。
q：雨が降った。

時間の流れのなかで、pがqより以前に起こりました。これを
「おまじないをした。そのあと雨が降った」
と年表ふうに書けば、それは前後関係を確認しただけです。いっぽう、これを

「おまじないをしたから、雨が降った」

というふうに、pが原因でqが結果であるというふうに解釈すると、両者のあいだに因果関係があるということになります。

「原因」と言われるとつい、

「オゾン層の破壊は果たして地球温暖化の原因か」

「今年怪我《けが》してばかりなのは、なにかの祟《たた》りなのではないか」

といった外的（科学的、オカルト的）要因の影響力について考えてしまいます。

でもそれだけじゃなくて、

「あの人があんなことを言ったのには、じつは深い考えがあったのではないか」

「最近この子が反撥《はんぱつ》してばかりだけど、ひょっとして反抗期？」

とか、そういった人間の行動の動機や理由も含めて、「原因」と考えてみましょう。

「p：おまじないをした」「q：雨が降った」。このふたつの命題は、ともに現実世界において目で確認できるできごとです。動画に撮ることもできます。

いっぽう、「おまじないをしたから、雨が降った」の「から」は、原因・理由をあらわす接続助詞です。「から」は言葉では言えても、それに対応する実体が現実世界にはありません。目に見えず、動画にも写真にも撮れないし、絵にすることもできません。では、この「から」はどこにあるのでしょうか？

因果関係は認識者の思考にある

それは、pとqとを認識する人（ここでは村人）の思考のなかに存在しています。いっぽう、なぞなぞを解く僕たちの思考のなかには存在していません。つまり、因果関係とは「観察者にとっての」因果関係なのです。

こう言うと、反論したくなる人がいるのではないでしょうか？

科学的思考を持っているわれわれ文明人は、踊りではなく気圧配置や湿度といった気候条件が雨の原因だとわかっている。因果関係は頭のなかではなく、じっさいに存在するのだ。村人はたんに、因果関係を間違って認識しているだけなのだ——。

「原因とはなにか」ということについて、この場で踏みこむことはできません。それは本書の射程を超えた哲学的問題です。

因果関係をどう見つけるか、ということは、文化によって、文脈によって、発話のジャンルによって、異なることがあります。

「p：おまじないをした」「q：雨が降った」というできごとが時間順に置かれているとき、pとqとを因果関係に置く村人にとって、雨が降らないうちに踊りをやめてしまうということは、「踊り続ける根性が足りないから、雨が降らない」ということになるわけですね。このとき彼らにとって雨乞いは、甕《びん》の固い蓋をひねって開ける行為に似ています。甕の蓋は力を加え続ければ、いずれ開くはずですよね。

いっぽうpとqとを因果関係に置かない僕たちにとって、pとqとのあいだにはただ、時間上の前後関係しかありません。

では、僕たち現代の日本人は、自然科学に矛盾するような因果的説明をしないのでしょうか？

ジンクスと縁起担ぎ

小説家の小川洋子さんは親の代からの阪神タイガースファンです。弟さんも熱心なファンで、子どものころ、家族四人でナイター中継を見ていて、

〈正座しているときに田淵《たぶち》が逆転ホームランを打ったりすると、彼はその運が逃げないよう

にずっと正座している。ピンチになると、「さっき田淵がホームランを打った時の姿勢になって！」と、みんなに命令する〉（「家族団欒《だんらん》の図」『妖精が舞い下りる夜』所収、角川文庫）

こういったジンクスや縁起担ぎはライトな「おまじない」です。これくらいなら、やったことのある人は多いのではないでしょうか？

日本ではかなり多くの人が、神社に行っておみくじを引いたりお守りを買ったりします。それは、自分の生活をひとつのストーリーとみなして、ひとつの説明体系のなかに置く、ということです。

もちろん、初詣と夏祭のときだけ神社に行くくらいの日本人と、たとえば一神教の原理主義者とでは、説明体系とのつきあいかたはずいぶん異なっています。

因果関係が加わると、より滑らかなストーリーになる

人間は、できごとを時間の流れのなかで把握する枠組を持っています。それが「ストーリー」と呼ばれるものです。

時間上の前後関係のなかでできごとを報告するだけで、いちおう「ストーリー」にはなります。歴史年表や、履歴書の学歴・職歴欄を思い出してください。

一九一一年　辛亥《しんがい》革命。
一九一七年　ロシア革命。
一九二〇年　国際連盟成立。
一九二八年　張作霖《ちょうさくりん》爆殺。
一九二九年　世界恐慌。
一九三一年　柳条湖《りゅうじょうこ》事件、満州事変。
一九三二年　満州国建国。五・一五事件。
一九三三年　日本、国際連盟脱退。
一九三六年　二・二六事件。日独防共協定締結。

平成××年三月　××高等学校卒業。
　　四月　××大学××学部入学。
平成××年三月　同大学卒業。
　　四月　××株式会社入社。

年表や履歴書はストーリーではありますが、ストーリーとしてはいまひとつ滑らかさがないというか、生きている感じに欠けますね。では、年表や履歴書は、小説や新聞記事といったもっとストーリーらしい文章と、どう違うのでしょうか？

年表や履歴書に因果関係を加えれば、新聞記事のように、もっとストヽーヽリヽーヽらヽしヽくヽ見えるでしょう。「なぜ日本は国際連盟を脱退したのか」「なぜ私は××大学に入学したのか」。こういったことは、年表や履歴書には書かれません。新聞記事では理由が問われ、小説や物語では理由が明かされます。

世界にたいする「なぜ」という問と、それへの回答（原因や理由）とが、ストーリーのストーリーらしい滑らかさを生むのです。

なお、本書ではこの「滑らかさ」「生きている感じ」を、必ずしもよいものとは考えていません。ときにはこの滑らかさのせいで小説がつまらなくなることがある。そして僕たちが自分の人生を考えるときに、この滑らかさが僕たちの判断を誤らせ、苦しめることすらあるのです。

フォースターの言う「ストーリーvsプロット」

英国の小説家エドワード・M・フォースターは、講義録『小説の諸相』（一九二七）で〈物語内容《ストーリー》〉と〈筋《プロット》〉という語の違いを強調しました。

フォースターによれば、ストーリーはできごとを時間順に叙述するものです。先に挙げた年表や履歴書みたいなものです。いっぽう、プロットと呼ぶためには因果関係が必要なのだそうです。

フォースターは具体的な例を作り出しました。

〈王が死んで、それから女王が死んだ〉

はひとつの〈ストーリー〉だが、

〈王が死んで、それから女王が悲しみのあまり死んだ〉

はひとつの〈プロット〉だというのです。この使い分けは、ストーリーについて考えるときによく引き合いに出されますが、フォースター独自の用法です。本書の立場では、どちらもストーリーで、後者のほうが滑らかだ、ということにしておきましょう。

フォースターが言うように、〈悲しみのあまり〉のたぐいの言葉は、年表や履歴書には存在しません。ふたつのできごとのあいだの因果関係が読み取れると、ストーリーとして滑らかになります。

嘘《うそ》でもいいから説明がほしい

因果関係が明示されると、なぜ物語として滑らかな感じがするのでしょうか？
それは、できごとが「わかる」気がするからです。どうやら僕たちは、できごとの因果関係を「わかりたい」らしいのです。

「わかる」と書きましたが、それは必ずしも「自然科学の学説に合致するように認識する」という意味ではありません。

村人たちは、「おまじないをしたから、雨が降った」というふうに、一連の事態を把握して（わかって）いる。村人はふたつのできごとを組み合わせて、因果関係を補ってしまうのです。

人間とは、世のなかのできごとの原因や他人の言動の理由がわからないと、落ち着かない生きもののようです。

認知神経科学者のマイケル・S・ガザニガは、人間の脳の左半球で解釈機能《インタープリター》が働いているのではないか、という説を出しています。

〈左脳で行われるインタープリターのプロセスの背景には、起こったことの説明や原因を知りたいという衝動がある。このプロセスはどんな状況でも機能している〉（『〈わたし〉はどこにあるのか　ガザニガ脳科学講義』藤井留美訳、紀伊國屋《きのくにや》書店）

　そしてこの脳の解釈機能がでっち上げる説明は、一貫性はあっても、明らかに間違っていることがあるといいます。

　日本語では「わかる」と「わけ」とは同じ語源だそうです。人間は、どうしても「わけ」がほしいらしい。刑事裁判では行動の動機を追及します。そうしないと、量刑できないのです。探偵小説の眼目には、「だれが犯人か《フーダニット》」「犯行の方法はなにか《ハウダニット》」と並んで「犯行の動機はなにか《ホワイダニット》」というものもあります。わけがわかると、ストーリーが滑らかに感じられ、「わかった」という感情がめばえるのです。

　ストーリーにとって、この「わけ」を知るということがどれくらい決定的な役割を果たしているか、ということについて、さらに踏みこんでみましょう。

前後即因果の誤謬《ごびゅう》

　前後関係を因果関係だと思ってしまうことを、「前後即因果の誤謬」と呼びます。人間の脳はつい、これをしてしまいます。

英国の哲学者ヒュームが『人間本性論』（一七三九）で指摘したとおり、人間は、時間のなかで前後関係にあるふたつのことがらを、因果関係で結びつけたがる習性を持っています。また批評家ロラン・バルトは、「物語の構造分析序説」（一九六六）で、この前後即因果の誤謬をいわば体系的に濫用するのが「物語」だ、とまで言いました。

できごとの因果関係が納得できるものであるとき、人間はそのできごとを「わかった」と思ってしまうらしいのです。

「わかる」というと知性の問題だと思うかもしれません。しかし、このように考えてきた結果、「わかる」と思う気持は感情以外のなにものでもないということが見えてきました。教育心理学者・山鳥重《あつし》は、つぎのように書いています。

〈わかる、というのは秩序を生む心の働きです。秩序が生まれると、心はわかった、という信号を出してくれます。つまり、わかったという感情です。その信号が出ると、心に快感、落ち着きが生まれます〉（『「わかる」とはどういうことか　認識の脳科学』ちくま新書）

ということは、〈「わかった気になる」と「わかる」とのあいだには本質的な線引きが出来ない〉（佐々木敦『ニッポンの思想』講談社現代新書）ということにもなります。

「地球温暖化は、××のせいだ」
「自分が正しく評価されないのは、××のせいだ」
「××だから、凶悪犯罪が起こる」
「××だから、日本経済がこのような事態に立ち至った」

それらの「から」「せい」は、妥当かもしれない。そして、勘違いかもしれないのです。

「ストーリー」は、人間の認知の枠組

世界をストーリー形式の枠組で認知・解釈してしまう傾向は、脳のなんらかの機能にとって反射的・受動的な性質であり、ときには、生きていくのに必要なものでさえあります。人間の本能とか性向《さが》と呼ぶ人もいるでしょう。

けれど、脳の機能のどれかにとって反射的・受動的だということが、その脳の持ち主や、持ち主が住む社会にとって、つねに「よい」ことであるとはかぎりません。

生きていくうえでいろんなことの原因・理由がはっきりしているほうが、一見ラクなように思えますよね（あくまで「一見」なのですが）。それで、僕たちはその説明についすがってしまいます。だから、いつも単純明快な答を求めてしまいます。

しかしストーリーが滑らかで「わかりやすく」感じるとき、そのストーリーが――ひいては、僕たちの解釈機能が――ただの前後関係やただの相関関係を「因果関係」にこっそりスライドさせている可能性があります。そういう意味で、滑らかなストーリーの形をしたものはしばしば危険でもあるのです。

安心して生きられるような「安定した世界把握」それ自体が、少し長い目で見ると、危険を孕《はら》んでいることもある。

「説明が正しいかどうか」よりも、また「その問が妥当かどうか」よりも、僕たちはともすると、「説明があるかどうか」のほうを重視してしまう。ストーリーでそこを強引に説明してしまうことがあるのです。

説明とは、そのままでは未知にとどまってしまうものを分解して、自分がすでに知っているものの集合体へと帰着させてしまうということです。こういったわけで、「わか（った気にな）る」ことはときに、お手軽な説明とセットであることがあるので要注意です。

本書の説明も、「滑らかでわかりやすい」と感じる部分があったら、どうぞ用心してください。

2　説明の背後に、一般論がある

納得できる説明は、あなたの手持ちの一般論に合致する

できごとの理由がわかると、できごとが理解できたという感情が生じる。この傾向について、もう少し考えてみましょう。

〈王が死んで、それから女王が死んだ〉

〈王が死んで、それから女王が悲しみのあまり死んだ〉

後者は滑らかであり、いちおうの納得感を与えるものです。

もちろん僕たちは意識でその説明を疑うことができます。「悲しみが死因なんて立証できない」「そう見せかけた毒殺では？」などと。

でも、心のなかのある受動的な部署は、いずれにしても、なんらかの理由があるほうが滑らかで物語らしいと感じてしまうのです。滑らかだからこそ怪しい、と、心のなかのべつの部署は言うかもしれませんが。

〈悲しみのあまり〉は、どういうふうに機能しているのでしょうか？

〈女王が死んだ〉よりも〈女王が悲しみのあまり死んだ〉のほうが、なにか訴えかけてくる

としたら、それは、

「人は、悲しみのあまりみずからの死期を早めてしまうことがある」

というふうに、漠然と思われているからではないでしょうか（これがほんとうか間違っているかは、ここでは不問とします）。


「人は、悲しみのあまりみずからの死期を早めてしまうことがある」

こういうものを「一般論」と言います。いっぽう、〈女王が悲しみのあまり死んだ〉は個別の、特定の人間についての命題です。

一般論はタイプ、ストーリーはトークン

さて、ストーリーは、個別のものをあつかいます。

今朝、僕は紅茶を入れるために薬罐《やかん》で湯を沸騰させました。これはストーリーです。僕という個別の動作主（agent）が一回おこなうことを報告するものです。この個別性が、ストーリーというものの特徴です。ちなみに「毎朝、僕は紅茶を入れるために薬罐で湯を沸騰させる（させた）」というような、個別の動作主が複数回おこなうことをあつかうものは、前章で取り上げた「括復法」です。

いっぽう、

「日本人は朝食時に紅茶を摂取することがある」

「水は一気圧のもとでは摂氏一〇〇度で沸騰する」

これは個別の話ではなく、一般論です。論理学で言えば、「存在命題」ではなく「全称命題」ということになります。

ストーリーは個別の話題（存在命題）ですが、それの理由や「因果関係」が「わかった」気がするときは、その背後にじつは一般論（普遍的な話題、全称命題）が存在しているということができるでしょう。

一般論＝「人は、悲しみのあまりみずからの死期を早めてしまうことがある」

ストーリー＝「あるとき、ある女王が悲しみのあまり死んだ」

一般論は「類」です。そして説明つきのストーリー（フォースターのいう〈プロット〉）は類の一例、つまり「種」である、ということができます。一般論とストーリーの関係は、「タイプ（type）」（人間一般にかんすること）と「トークン（token）」（物語の登場人物であるその特定の女王にかんすること）の関係にあるのです。

一般論と科学と諺《ことわざ》

一般論のなかには、

「人はすべて死ぬ」

「水は一気圧のもとでは摂氏一〇〇度で沸騰する」

といっただれもが認めるものもあれば、

「血液型B型はマイペース」

「大阪人は全員せっかちで納豆が嫌い」

というような、怪しげなものもあります。


できるだけ正確な一般論を目指すのが科学だ、ということもできます。科学は物語ではありませんが、科学的な法則は「なぜ」にたいする答になることがあります。一般論の精度を上げようとすることによって、テクノロジーや医療は進歩してきました。

ただし、科学は必ずしも因果関係を追求するものではありません。ここではとりあえず、生物学者・池田清彦さんの〈この世界は因果律的にできていない〉という言葉を紹介しておくにとどめます（『科学とオカルト』講談社学術文庫）。

〈科学における因果関係と称するものは、ほとんどは時間のずれを伴った対応関係なのである〉。〈元来科学は対応関係を解明しているので、因果関係を解明しているわけではない〉。

それでも人間の心は、ものごとの原因や理由を、ついつい求めたがってしまう感情を持っているのです。

また「渡る世間に鬼はなし」「人を見たら泥棒と思え」といった諺や格言も「一般論」です。いろはカルタでもおなじみの「論より証拠」「楽あれば苦あり」「負けるが勝ち」をはじめ、諺はその文化の「一般論」を短くしたものです。

教訓とは一般論のことである

あるいは、寓話《ぐうわ》の教訓も一般論です。

〈北風と太陽がどちらが強いかで言い争いをした。道行く人の服を脱がせた方を勝ちにすることにして、北風から始めた。強く吹きつけたところが、男がしっかりと着物を押さえるので、北風は一層勢いを強めた。男はしかし、寒さに参れば参るほど重ねて服を着こむばかりで、北風もついに疲れ果て、太陽に番を譲った。

太陽は、はじめ穏やかに照りつけたが、男が余分の着物を脱ぐのを見ながら、だんだん熱を強めていくと、男はついに暑さに耐えかねて、傍《かたわら》に川の流れるのを幸い、素っ裸になるや、水浴びをしにとんで行った。

説得が強制よりも有効なことが多い、とこの話は解き明かしている〉（「北風と太陽」中務《なかつかさ》哲郎《てつお》訳『イソップ寓話集』所収、岩波文庫）

引用の最初の二段落が、「ストーリー」を伝えています。最終行の〈説得が強制よりも有効なことが多い〉という教訓が「一般論」です。そのあとの〈とこの話は解き明かしている〉は「発話行為の自己言及」というもので、先述の「交話機能」と関係しているものですが、これについては本書では深追いしません。

兼好《けんこう》の『徒然草《つれづれぐさ》』第五二段では、仁和寺《にんなじ》の法師という個別の動作主が石清水八幡宮《いわしみずはちまんぐう》が山上にあるのを知らず、麓の寺社だけを参詣して八幡宮に詣でた気になって帰還し、「それにしても、みんななぜか山の上まで登ってたなあ」と言っていたという「ストーリー」を語ったあとで、最後に、

〈ちょっとしたことでも、案内役はいてほしいものである〉（小川剛生《おがわたけお》訳、角川ソフィア文庫）

という「一般論」をつけています。

「一般論」は、北風や太陽や仁和寺の法師だけでなく、人間一般（たとえば僕）にもあてはまる智慧《ちえ》として語られます。また、この「一般論」の存在が、そのストーリー（北風や太陽

や仁和寺の法師という個別の動作主がおこなったこと）を報告する理由にもなりうるのです。

うみのみずはなぜからい

英国の批評家フランク・カーモウドによれば、素朴な読者が物語《ナラテイヴ》（＝ストーリー）が表現された結果の姿）に求めるものは、〈ひとつはしかるべき論理一貫性、そしてもう一つは「なぜと問う」必要をなくしてくれる権威である〉（「秘密と物語のシークエンス」林完枝《はやしさだえ》訳、W・J・T・ミッチェル編『物語について』所収、平凡社）

寓話の教訓のような一般論と並んで、〈「なぜと問う」必要をなくしてくれる権威〉にはもうひとつ強力なものがあります。神話です。

『うみのみずはなぜからい』という話は何度も絵本になっていますね。

願ったものを無尽蔵に吐き出す魔法の碾《ひ》き臼《うす》を手に入れた人物が、舟の上でこの臼に塩を所望し、それに応えて臼は塩を延々と産み出しつづけるが、この人物が塩の生成を止める手だてを知らなかったため塩の重みで舟が転覆し（あるいは塩生成中の臼を海に落とし）たために、いまでも海底で臼が塩を作り出し続けている、という説明でした。

ちなみにこれは典型的な「魔法使いの弟子」パターンのストーリーでもあります。ゲーテの詩「魔法使いの弟子」（一七九七）では、魔法使いの見習いが師匠に命じられた水汲《みずく》みの仕事に飽き、箒《ほうき》に魔法をかけて自動で水汲みをさせるうちに、修業中の悲しさ、魔法を止める呪文がわからなくて、あたりが水浸しになってしまいます。ディズニー映画『ファンタジア』の原作ですね。

「魔法使いの弟子」パターンのストーリーの例として、メアリ・シェリーの『フランケンシュタイン』（一八一八）があります。科学者が死体から人造人間を作りますが、意図に反して奇怪な見かけのものになってしまい、しかも肉体が強靭《きょうじん》なうえに知性も持っていて、制禦できません。田山花袋《たやまかたい》の私小説『蒲団《ふとん》』（一九〇七）では、妻子ある中年の小説家が田舎の文学少女を弟子に取り、旧弊な田舎の世界から恋とロマンあふれる文学の世界へと下心満々で連れ出しますが、ロマンを知った弟子に男子大学生との自由恋愛に走られると、慌てて彼女のお堅い親に連絡してこれを止めようとします。

バーナード・ショー原案の映画『マイ・フェア・レディ』（一九六四）では、音声学者が下層階級の花売り娘にレディとしての話しかたを教えるうちに、彼女に恋してしまいます。アーサー・C・クラーク原案の映画『2001年宇宙の旅』（一九六八）や、一九八四年にはじまった『ターミネーター』シリーズでは、人工知能が人間にたいして叛逆《はんぎやく》し、手に負えなくなってしまいます。

「魔法使いの弟子」型ストーリーは、コンテンツだけでなく現実世界の把握でも使われています。原発の事故や廃棄物について語るときには多くの論者が『うみのみずはなぜからい』のパターンを採用しますね。

子どもも、小説の素朴な読者も、神話時代の人間も、そして大なり小なり人間というものは、〈「なぜと問う」必要をなくしてくれる権威〉を求めがちです。答がほしいのです。それが人情というものかもしれません。

宇宙論と存在論

オランダの文芸学者アンドレ・ヨレスは、以下のように書いています。

〈人は大空を眺め、昼には太陽が、夜には月が常に繰り返し空を照らすのを観察した。観察は驚きとなり、驚きは問いとなった。

そうした昼と夜の光は、〔……〕時とその周期において何を私たちに意味するのだろうか。

誰が、それらをそこにすえたのだろうか。世界がそれらに照らされる前は、〔……〕時が分割される前は、どのようであったのだろうか。さてそこで、問う者に答えが与えられる。〔……〕その答えは決定的であり、断固たるものなのである。〔……〕このような方法で、問いと答えから、人間にとって世界が創り出される所――そこに私たちが神話と名付けたい形式が始まるのである〉（『メールヒェンの起源　ドイツの伝承民話』高橋由美子訳、講談社学術文庫）

神話は宇宙論的な問にたいする答だというのです。

ロシアの記号学者ウラディーミル・N・トポロフも、宇宙論のテクストの注目すべき特徴として、まず、〈テクストが、問いに対する答え（あるいは、一連の答え）として組み立てられる〉ことを挙げています（「宇宙論から歴史記述へ」北岡誠司《きたおかせいじ》編訳『宇宙樹・神話・歴史記述　モスクワ＝タルトゥ・グループ文化記号論集』所収、岩波書店）。

『創世記』をはじめとする世界じゅうの創生神話・宇宙生成論は、「どういったいきさつで、この世界は在るのか」「なぜ僕たちは生きているのか」といった問に、各自のやりかたで答えようとしています。

また古代のインドやギリシア以降、宗教や哲学では、「なぜなにもないのではなく、なにかがあるのか」という究極の問が問われてきました。とくに哲学では、ストーリー的でない方法でこの問に答えようとする例もあります。

この世界が存在すること自体が、最大の驚きといえば驚きなのです。でもこちらの問は多くの人にとっては「地」（背景）となっていて、なかなか「図」として認識されることはありません。

3 なぜ私がこんな目に？

過度の一般化

僕がなにかをしようとして、不本意な結果が何度か続いたとしましょう。

そのときに、行為の条件をチェックして、これが原因かもしれないと仮説を立てて、次回までにそこを改善してみる、また自分ではどうしようもないことであればそこについては断念する、というのであれば、僕がおこなっているのは適度な一般化であり、それは冷静な態度です。

いっぽうそこで僕は、「自分はいつもうまくいかない」と決めつけてしまう可能性もあります。あなたはどうでしょうか？

こういう態度は、不本意な側面にだけ焦点を当てています。過度の一般化は、心理療法では、精神の病理をもたらす「認知の歪《ゆが》み」のひとつに数えられています。

不本意なことに気を取られてしまうのはどうも人情らしい。ですから、だれしもこういう傾向は大なり小なりあるでしょう。とくに、鬱状態の人は、この思考パターンで自分を縛ってしまっているのだそうです。

「自分はいつもうまくいかない」

というのは、端的に「間違い」なのです。

人間は、個別の事例をもとに、もっと広範囲の現象に蓋然的にあてはまる傾向や法則を導き出すことができます。これを帰納と言います。逆に、一般論的な傾向・法則をべつの個物に適用することを、演繹《えんえき》と言います。

〈帰納法の問題とは要するに自然の斉一性を信じることに根拠があるのかという問題です〉(ジュリアン・バッジーニ＋ピーター・フォスル『哲学の道具箱』長滝祥司《ながたきしょうじ》＋廣瀬覚《ひろせさとる》訳、共立出版)。

個人は世界や歴史の全体を体験できませんが、自分が知っている知識は他の時間・空間にも応用できる、と思うことで、人間はあやふやながらも、どうにかやってきました。だから帰納はとても役立つ思考です。

毎朝太陽が昇ることを疑う人はあまりいませんよね。そこを疑うと時刻表も時間割も組めない。人は、太陽は毎日昇るという一般論を演繹して生きています。でもほんとは太陽が毎日昇る保証はない、だから明日昇る保証もない、という内容のことをヒュームは言いました。

ヒュームに言わせると、人は、これまで二四時間間隔で昇ってきた（個別例の集合）から、毎日そうなんだろう（一般論）といったん帰納したものを、だから明日もそうなんだろう（新たな個別例）と演繹しているだけなのです。なんだか、知り合った個別の大阪人がたまたまふたり続けて「せっかちで納豆嫌い」だったせいで「大阪人（一般）はせっかちで納豆嫌い」という一般論を導き出してしまう東日本育ちの人、みたいな感じです。

「わかった」という麻薬的体験

本章第1節で〈「わか（った気にな）る」ことはときに、お手軽な説明とセットであることがあるので要注意〉と書きました。

「あなたが不本意な状況にあるのは、お墓を掃除していないからだ」

と霊能者に言われたとします。言われるがままご先祖のお墓を掃除するだけなら、それはいいことです。お墓がきれいになることそれ自体は、けっこうなことですからね。でも、勧められるまま、印鑑や壺《つぼ》などの高価な霊能グッズを買ってしまう人もいます。

「わからない」が続くということは、ばあいによっては苦しいことです。自分はできごとの原因や仕組を知らないと思うと、不安という不快な感情が生まれます。「ただ自分が不愉快な目に遭う。理由は不明」だと、たんに不愉快なだけでなく、解釈したくてもできない、という不安まで掻《か》き立ててしまう。

その反対に、脳の解釈機能が作り出す説明は「納得した感」という快感を与えます。「わかった」には、麻薬的な気持よさがあるのです。繰り返しますが、「わかる」とは、知性というよりは感情の問題だからです。

自分は知っていると思うと、安心感が生まれます。たとえ、

「自分が不本意な状況にあるのは、特定の人たちに有利なふうに世の中が設計されているからだ」

というような、怒りを掻き立てる説明でも、ないよりは「安心」なのです。

優遇されている特定の人たちは、要するに「敵」です。そこに自分が含まれない集団であればなんでも該当します。貴族、富裕な資本家、白人、ユダヤ人、先進諸国、男、女、子ども、老人、既婚者、未婚者、子持ち、子なし、美人、イケメン、生活保護受給者、専業主婦……。

「わからない」から逃れたいと思うと、そういうストーリーにすがって狂信的な宗教に入信することもあれば、世論操作の得意な好戦的な政治家に投票することもあります。「はじめに」で僕は、人間は〈ストーリーを使って自分を救ったり、苦しめたりすることがある〉と書きました。

では前記の「自分が不本意な状況にあるのは、特定の人たちに有利なふうに世の中が設計されているからだ」のような麻薬的な説明で「わかった」感を得ることは、自分を救うことになるのでしょうか？　それとも、自分を苦しめていることになるのでしょうか？　あなたはどう思いますか？

不本意なことに注目してしまう

「自分が不愉快な状況にあるのは、××だからだ」というストーリー的な説明が起こるのは、人間が、「なぜ自分は不本意な状況にあるのか？」と問うて、その問に答えようとするからです。

電車の乗換情報を調べるためにスマートフォンを使おうとして、どこにもつながらないとき、僕は、「なぜ？」＝「なぜ自分は不本意な状況にあるのか？」と問い、自分が電波の圏外にいることがわかると、原因がわかって納得します。
いっぽう、思ったとおりにスマートフォンが機能して、無事に目的を達成したばあい、「なぜ自分は思いどおりに目的を達成できたのか？」とは問いません。高橋喜久晴の詩集『日常』（一九七三）に収録された同題の詩は、つぎのように始まります。

馴《な》れた階段をふみはずす
何故？
何故
と問うときには
すでに日常の階段をふみはずしている

「自分の都合どおりに運ぶこと」は、好もしいことですよね。その反対で、「不本意なこと」は、厭《いや》なことです。だれしも「不本意なこと」は嫌いです。人間だけでなく、動物もそれは同じです。

人間を含む動物は、ラッキーなことよりアンラッキーなことを強く記憶に刻みますし、チャンスを期待する以上にリスクを恐れて生きています。つまり僕らは、よくないことに注意が偏る生き物だということです。この傾向を「ネガティヴィティバイアス」と言います。

ネガティヴ情報の入力刺戟《しげき》はポジティヴ情報の入力刺戟よりも強く作動するといいます。宝くじで下二桁を当てて五等賞金三〇〇〇円もらったとしても、同じ日に一〇〇〇円落としたら、落とした一〇〇〇円のことをくよくよ考えてしまうかもしれません。

ネガティヴィティバイアスは現代の心理学の概念ですが、他の分野においても似たことは言われます。ノーベル経済学賞を受賞した行動経済学者ダニエル・カーネマンによれば、人間は利益から得る満足よりも、同額の損失から受ける苦痛のほうを大きく感じるということです。

哲学者には、このあたりの問題を経験的に報告している人もいます。一七世紀オランダの哲学者スピノザの『エティカ』第五部定理一〇注解では、つぎのようなことが書いてあります。

〈名誉の濫用、そのむなしさ、人間の移り気、〔……〕このようなことは不健康な心の持ち主のみが考えるのである。なぜなら野心家は、自分のもとめる名誉の獲得に絶望するとき、このような考えによってもっとも多く自分を傷つけ、怒りを発しながら自分を賢く見せたがるからである〉(工藤喜作+斎藤博訳《さいとうひろし》、中公クラシックス)

ある種の人が挫折すると人間のダメな部分をあげつらって〈怒りを発しながら自分を賢く見せたがる〉とは、どういうことでしょうか?

「渡る世間に鬼はなし」という諺《ことわざ》をもじった『渡る世間は鬼ばかり』という題のドラマがかつてありました。不本意な状況に置かれたときに、「世の中そうそう悪い人はいるものではない、人を信じよう」という人と、「人を見たら泥棒と思え」という人に出会ったら、後者のほうが一見〈賢く見〉えてしまいます(見えるだけですが)。人間は、どんなナイスな状況に置かれていても、「不本意」な部分を見つけ出してしまいます。だから、後者のほうが〈賢く見〉えると感じる人のほうが多いのです。

ちなみに人間の心は逆に、ポジティヴな側面に焦点を当てる力も持っています。半世紀以上前ですが、クレイジーキャッツというグループに「どうしてこんなにもてるんだろう」(青島幸男《あおしまゆきお》作詞)という歌がありました。メンバーの植木等《うえきひとし》が映画『日本一の色男』のなかでモテモテになったときに歌うんじゃなかったかな。しかしこれはまたべつの働きで、これがあったからといってネガティヴィティバイアスとあわせてプラマイゼロになるという性質のものではありません。

多くのばあいには人間は、「どうして『あいつはあんなにもてる』んだろう」↓「どうして『自分はこんなにもてない』んだろう」と問いたがるらしいのです。

ストーリーは実存的な問に応えようとする

ドイツ出身の古典学者ヴァルター・ブルケルトは、〈まさに「なぜ」という疑問が物語を要求する〉とか、〈人は不思議な行動にぶつかると、「どうしてそんなことをするのか教えてくれ」と問う〉と述べています（『人はなぜ神を創りだすのか』松浦俊輔《まつうらしゅんすけ》訳、青土社）。物語は「なぜ？」に牽引《けんいん》されるのです。

　愛する大事な人を失ってしまう。

　重い病の宣告を受けてしまう。

　財産を一瞬にして失ってしまう。

　失恋してしまう。

　こういうことは、世界中に毎日たくさん起こっているでしょう（↑一般論）。

　でもほかでもないあなたが、大事な人を失ってしまったら？　重い病の宣告を受けてしまったら？　財産を一瞬にして失ってしまったら？

あなたも、僕も、もしかしたら「なぜ？」と問うのかもしれません。それを知ったからといって、事態が改善することはないと理性ではわかっているのに。

「こんな目に遭うということは、その罰にふさわしいなにか落度が私にあるのだろう」

「私のどこがいけなかったんだろうか？」（←この時点でもう私が悪いこと前提）となってしまい、自分のあれが悪かったとか、前世のおこないがとか、そういうストーリーになってしまうこともあります。これは「公正世界という誤謬」にハマってしまった状態で、この誤謬については第4章でもう一度取り上げます。


なぜ私が？


こういった「なぜ？」にたいして、冷静な「一般論」を根拠として、

「あなたの家族は交通標識を無視してしまったのです」

「あなたの荒《すさ》んだ生活習慣とストレスは尋常なものではありませんでした」

「詐欺にたいするあなたの構えが悪かったのです。セキュリティの問題です」

などと答えてもらったとしたら、どうでしょうか？

あなたの求めていた答はそれではないでしょう。こういった言説は「科学」ではありませんが、「科学」と同じく、因果関係ではなく対応関係を述べているだけだからです。

病気も死も破産も失恋も、世界のどこかで日々繰り返しだれかの身に起こっている現象である。——と、このように言うとき、それらのできごとはいわば「タイプ」「種」として「一般論」的にとらえられています。

どんなに賢明で、どんなに家族思いで、どんなに善人で、どんなに信心深くても、不本意な目に遭ってしまうことがある。善行や財産といったプラス要因をいくら並べ立てたところで、そういう突発的な不幸の連発を避けることはできません。これくらいのこと、僕たちは理性ではわかっているのです。

一般論とは、「そういうこともあるよね」というものになってしまいがちです。もちろん、賢明な人はこういうクールな一般論（仏教で言う「無常観」）でも納得できるでしょう。こういう一般論をいくら承知していても、そこまで強くない一般人は大きな苦難にあったときに、「なぜ？」と問う。その「なぜ？」は、

「なぜこのできごとが起こったのか？」

という通常の問では必ずしもありません。ではなくて、

「なぜ私がこのできごとに遭遇したのか？」

という、尋常ではない問いかただったりします。

こういうものを、実存的な問、と言ってもいいでしょう。この実存的な問に、ストーリーは無理やり答えようとします。

4　感情のホメオスタシス

ストーリーは「問題―解決」図式で動く

人が「なぜ？」と問うときは、不本意な状況にいることが多い。だから、ストーリーの出発点は、主人公が不本意な状況にあるということが多いのです。ストーリーの出発点にはしばしば、幸福の欠如が置かれます。それ自体が「望ましからぬ、特筆すべき事態」なのです。たとえば主人公がシンデレラのように、不本意な事態を変えようと動く「問題―解決（の試み）」によって、筋が動きはじめるということです。

主人公が不本意な状況にあると、ストーリーの聴き手・読み手は、登場人物がその状況にたいして解決に乗り出すことを、期待しシミュレーションしてしまいます。これも例によって、反射的で受動的な演算です。

過去、何度か不本意な目に遭ったり、挫折してなにかを諦めなければならなくなったりしたときに、「もうおしまいだ……」と思ったものでした。でもそれはひょっとしたら間違いで、不本意な危機的状況こそが、自分のストーリーをはじめるべき時期だったのかもしれません。

その危機を理解するために、人間は、時間をさかのぼって、それが自分に理解できるような事情によって起こったということにしてしまいたいのです。

感情のホメオスタシス

人間にとって、そもそも「できごと＝事件」とは、「報告するに値すること」なので、大なり小なり、平常に対する非日常という意味を帯びます。ストーリーにおいて、「平常」は「地」(背景)、「非常」は「図」(意識の志向対象)だと考えられます(例外もあります)。

ストーリー的な解釈によって非常時を切り抜け、失われた平常を取り戻したいという感情。これを僕は、感情のホメオスタシスと考えています。

人間は、ストーリーを途中まで聞いた段階で、最終的にそのできごとが解消し、そのストーリーの世界でふたたび平常が戻ってくることを、感情的に期待してしまいます。因果応報とか、勧善懲悪とかいった、ストーリーの道徳的なパターンは、ここから生まれるのです。こういった「物語の収支決算」が合うように設計されているコンテンツには、民話や童話、時代劇やハリウッドのアクション映画といった民衆的・大衆的コンテンツがあります。

ストーリーというものはしばしば、「問題（＝不本意な状況）—解決」の図式のなかで動き出す。ここで大事なのは、じっさいの現実生活では、人は不本意を認識していたとしても、必ず解決に乗り出すとはかぎらない、ということです。

同じことは、小説なんかでもそうですね。小説の主人公は、不本意な状況の解決に乗り出すとはかぎらない。そして、小説というものは必ずしも「問題—解決」図式で動くわけではないということを、小説の読者である僕は知っています。

「僕」は知っているけれど、「僕の感情」の一部門はじつは、どこかで「問題—解決」のストーリー図式を期待し、シミュレーションしています。「問題—解決」図式を期待する感情の働きは、お腹がすくとか眠くなるとかいった、知識や意志では制御《せいぎょ》できない不随意な、というか受動的なものだということです。

求める着地点は「新たな平衡状態」

ストーリー的な解釈によって非常時を切り抜け、失われた平常を取り戻したいという感情を、感情のホメオスタシスと名づけました。しかし、ここで多少の表現の修正・拡大が必要になります。

このホメオスタシスは、必ずしも〈失われた平常〉そのものを取り戻したいわけではない。「シンデレラ」のストーリーにおいては、シンデレラが舞踏会という非日常を経たあと、継《まま》母《はは》にこき使われるもとの不本意な日常に戻ることが期待されているわけではありません。そうではなく、主人公が王子と結婚して「末永く幸せに暮らしました」という平衡状態に着地することが期待されているのです。

平衡状態とは、これ以上特筆すべき要素がない状態、つまり、それ以上ストーリーとして新しいものをつけ加える必要がないと感じられる状態というふうに考えてください。

「シンデレラ」のばあい、冒頭でヒロインが置かれた状態は、日常ではありますが、「幸福の欠如」という状態になっています。すでに述べたとおり、不本意な状態はストーリーの出発点です。

ですから、目指して獲得した平衡状態が〈失われた平常〉を取り戻すことになることもあれば（例：トールキン原作の映画『ホビット』シリーズ）、新しい（そしてより安定した）ライフステージへの移行になることもあるわけです（例：「シンデレラ」）。

いずれにせよ、人間は、ストーリーを途中まで聞いた段階で、最終的にそのできごとが解消し、そのストーリーの世界でそれ以上特筆すべき要素のない平衡状態に着地することを、感情的に期待してしまいます。その後のストーリー展開の弾道を計算してしまう。しようと思わなくても、してしまうのです。

広い見地から言えば、特筆すべき要素のない平衡状態は、ハッピーエンドである必要はありません。最後に「そしてだれもいなくなっ」てもいいし、正体を見られた妻が鶴の姿になって飛び去ってしまってもいい。「人類はこうして滅亡しました。おしまい」で終わっても、ストーリーが完結したことを感情的に納得することができます（最後のは、ある意味「めでたしめでたし」かもしれません）。

小説家フォースターは講義録『小説の諸相』のなかで、作者が主人公を死なせるか結婚させるかすれば、ああ、この小説はそろそろ終わるんだな、と読者も納得しようとする、といったことを書いています。もちろんフォースター以前、一九世紀にはすでに、結婚のあとにも人生の時間が続いていくのだ、という視点の小説が書かれるようになっていて、それがまたひとつのストーリーの型を作っていたのですが、フォースターはそんなこと承知で前記のことを述べています。

ヤーコプ・グリムとヴィルヘルム・グリムの兄弟が編んだ『子どもと家庭のための童話集』（初版一八一二―一五）のどの版でも「蛙《かえる》の王さまあるいは鉄のハインリヒ」というお話が冒頭（通し番号でKHM1）に置かれています。副題の「鉄のハインリヒ」は王さまの忠義な家来の名前です。蛙は王さまが魔法で変えられた仮の姿で、最後には王女の力によって無事に人間の姿に戻ります。

ジャンバッティスタ・バジーレの死後一六三四―三六年に刊行された民話集『ペンタメローネ』の第五日第五話「日と月とターリア」のターリア姫、またシャルル・ペローの『鵞鳥《がちょう》おばさんのお話集』（一六九七）の第一話「眠れる森の美女」（チャイコフスキーのバレエやディズニーのアニメーション映画も有名）やグリム童話の「茨姫」（KHM50）のヒロインは、魔法によって眠りから覚めなくなりますが、彼女たちもやがて王（あるいは王子）の到来とともに眠りから覚めます。

非常事態とは「旅」である

探偵小説では、だれが実行したかがわからない犯罪が市民社会の法的秩序を乱します。探偵役の人物が活躍することで、最終的には下手人の身元が確保されます。この分野では、登場人物たちも読者も、謎の解明という着地点を求めて行動する（登場人物は捜査・推理し、読者はページを読み進める）のです。

しかし登場人物たちの多くにとって、謎の解明が共同体の法的秩序回復――具体的には犯人の処罰という「落とし前」――と連動しているのにたいして、読者にとって（そしてときとして、ある種の探偵役にとっても）、共同体の法的秩序は必ずしも欠かせないものではありません。なによりまず謎の解明への興味が満たされることを、読者は期待します。つまり「謎」というもの自体、提示されたとたんに、読者にとっての「非常事態」をもたらすものとして機能するわけです。

あるいは、昭和の連続ＴＶ時代劇《必殺シリーズ》では、……。

また、僕の大好きなハリウッド製アクション映画では、……。

などと、このようなパターンの「型」で作られた分野はいくらでも存在します。……というか！

物語コンテンツのもっともシンプルでベーシックな姿がこの、

（平衡状態↓）非常事態↓あらたな平衡状態なのです（当初の平衡状態は作中で記述されないことも多いため、括弧に入れてみました）。

この点で、平衡状態と非常事態とは、ふだんの生活と旅行中の生活のように認識されていると言ってもいいでしょう。平衡状態から非常事態に突入することは、いわば一種の越境なのです。

あるいは、自分が旅行するのではなく、来客が数日、家に泊まっていて、最後に帰っていく、という形式でとらえてもいいでしょう。民泊でもやっていないかぎり、お客さんが家に滞在しているあいだの時間は「非常時」です。

外部からやってきた存在が、共同体のなかに一定期間いて、去って行くまでのストーリーを考えると、それは『竹取物語』だったり、宮澤賢治《みやざわけんじ》の『風の又三郎』だったり、多和田葉子《たわだようこ》の『犬婿入り』だったり、桜庭一樹《さくらばかずき》の『砂糖菓子の弾丸は撃ちぬけない』だったりします。

このあとどう決着をつけるのだろう?

いずれも、ストーリー内で非常時がおとずれたときには、それが最終的に解消するまでのストーリーの弾道を、人は頭のどこかで予測しようとしているようなのです。

この予測は、必ずしも意識的になされる必要はありません。「このあとどう決着をつけるのだろう」という予測は、意識的な演算というよりむしろほとんど「情動」のような反応であり、しないようにすることができないものと考えたほうが実態に即しています。

「このあとどう決着をつけるのだろう」という感情は、たとえ事態が「決着などつけようがない」ように見えるときにすら起こります。というか、「決着などつけようがない」という判断それ自体が、「このあとどう決着をつけるのだろう」という感情によって引っ張り出されてくる、というべきでしょう。

決着がつかないと知ってても気になる

たとえば川端康成《かわばたやすなり》の小説はしばしば、読み終わってもストーリーが終わった感じがしない、と言われます。なんか「ほったらかし」なのです。

『雪国』なんて、一九三五年から連作短篇《たんぺん》の形で少しずつ発表し、一度は一九三七年に単行本にまとめながら、さらにちびちびと書き足され、一九四八年にもう一度単行本が出るのですが、その最終ページまで読んでも、妻子ある翻訳家の島村と若い芸者の駒子との関係が、なにかストーリー的な平衡状態へと進展することのないまま、ぷつりと終わります。小説がこの先まだ続いててもおかしくない。こんな終わりかたがアリなのだったら、逆に言うと、もっと前のところで終わってておかしくない（じっさい、いったん終わった小説を書き継いだのだし）。

そして、川端康成の小説をいくつか読むと、「この作家の小説はストーリー的な意味での決着（いかにも「終わり」らしい着地）のないまま終わる」ということはわかってきます。

それなのに、まだ読んでいない川端康成の小説を手にしても、心のどこかが「このあとどう決着をつけるのだろう」という感情を持っているのです。どうやら、事態進展の弾道をシミュレーションする作業は、自分が意図的にやろうとしていることではなくて、意識しないところで勝手に起こるプロセスであるらしい。

決着をすでに知ってても

それどころか、川端康成のオチなし小説であれ、しっかりオチのある探偵小説であれ、すでに読んで内容がわかっている小説を改めて読み直したりするときでさえ、不思議なことに、「このあとどう決着をつけるのだろう」という感情を持つことができます。

そういう状況では、べつに一度読んで知っている内容を忘れきってしまうわけではありません（僕くらいの歳になると、ほんとうに忘れきっていることが多いのですが）。僕のなかの、内容を思い出している（より能動的・意識的な）働きと、「このあとどう決着をつけるのだろう」と感じている（より受動的・反射的な）働きとは、喰《く》い違ったままてんでに働いています。僕はお気に入りのアクション映画を何度も見ますが、二回目以降もそんな感じで、ドキドキ（初見のときとは質が異なっているとはいえ）を失うことなく見ています。

すでに応援していたティームが負けた試合中継を最後まで見て、展開も結果も知っているサッカーやプロ野球の試合について、そのあとのスポーツニュースでのダイジェストをやっぱり見てしまう人は、冗談で、

「いや、さっきの中継は見間違いで、ニュースで見たら勝ってるかもしれないから」

と言ったりするものですが、これは「このあとどう決着をつけるのだろう」と感じている部門が言わせているかのようです。

ということは、「このあとどう決着をつけるのだろう」という問において求められているのは、必ずしも「こうやって決着をつけた」という情報だけではないということ。人間は、事態が「決着をつける」までの展開それ自体を、たんに情報として知りたいだけでなく、どうやら体験したいという気持を持っているようです。

情報と体験は違う。ストーリーは、それだけでは情報ですが、ストーリーを表現・提示した物語《ナラティヴ》は、それを読む・聴く人に「体験」をさせるということになります。もちろんその体験は、エキサイティングなこともあれば、退屈なこともあります。

だれのストーリーか？

さきほど、魔法によって蛙に変身させられてしまった王さまの話をしました。

今度は、通常の意味での決着がつかない変身物語であるカフカの『変身』(一九一五)について書いておこうと思います。

セールスマンのグレーゴル・ザムザは、ある平日の朝、目が覚めたら、巨大な虫(Ungeziefer を虫と訳していいかどうか、じつは異論も可能なのですが、とりあえずこうしておきます)になっていました。このように小説のストーリーは、グレーゴルの視点ではじまります。

以下、仕事に出られないトラブル、グレーゴルの引きこもり生活、一家の稼ぎ頭を失ってしまった家族の新しい生活(with 間借人たち)といった話題が物語られます。

(平衡状態➡)非常事態➡あらたな平衡状態

の図式どおり、小説はグレーゴルの非常事態突入から語られます。非常事態によって失われた、以前の平衡状態については、グレーゴル（もっとも主要な視点人物）や家族たちの視点で、あるいはいずれの視点からでもなく語り手が直接、回想的な情報を差し挟んできます。

読み始めてすぐに、「これはまともな決着がつく小説ではないだろう」と思うわけですが、その（能動的・意識的な）思いとは裏腹に、「このあとグレーゴルの変身にどう決着をつけるのだろう」という（受動的・反射的な）思いもちゃんと存在します。これは『雪国』を読んでいるときと同じです。

最後にグレーゴルは自室で死んでしまい、彼の両親と妹は休みを取って、ちょっとお出かけします。厄介ものがいなくなってせいせいしたかのような――いや、そもそも最初からグレーゴルなんかいなかったかのような――さっぱりした気持の三人を明るく記述して、小説は終わります。

『変身』のラストはこう、なんというか……むかしの松竹映画みたいな明るさなのです。なにしろ最終行では両親が、いつのまにかすっかり美しいお嬢さんに成長した娘（グレーゴルの妹）を見ながら、そろそろ娘の結婚を考えたほうがいいかなあ、なんてことを考えている。

わ、そうだったのか！　と思いました。

多くの読者もそうかと思いますが、僕はこの小説が始まってすぐから、「突然一家の厄介ものになってしまったグレーゴルのストーリー」というパターン認識で、ここまで読んできました。そして、意識の表面では「これはまともな決着がつく小説ではないだろう」という予想もしていたのです。

ところが『変身』のラストは、堂々と、ぬけぬけと、これ見よがしに、ふてぶてしいまでに、「決着らしい決着」だったのです。

『変身』は、

「突然一家の厄介ものになってしまったグレーゴルのストーリー」

のように見せかけておいて、でもそのラスト二ページは、小説のストーリーがじつは
「突然稼ぎ頭が厄介ものになってしまった一家のストーリー」

だったのだ、という着地を決めてみせる。そういうエンディングなのです。このまるでじゃんけんの後出しのような着地の違和感は、小説が物語（ストーリーを文字にしたもの）のウラをかくものである、ということを教えてくれます。

5　理由ではなく、意味が知りたい

アリストテレスの四原因説

人間は「なぜ」と問う動物である。だから、人間は物語る動物である。そしてこの「なぜ」への答にも、原因だけでなく動機や理由、目的など、いろいろあるのです。

古代ギリシアの科学者で哲学者のアリストテレスは、『自然学』『形而上学《けいじじょうがく》』『分析論後《こう》書《しょ》』といった著作で、僕らが使う〈原因〉という語を、四つのケースに分けました。

(1)形相因……実体・本質としての原因。建物にとっての設計図というか、設計図を引くための建築家の着想のようなもの。「この建物はなにか？」にたいする回答。

(2)質料因……質料・基体としての原因。建物にとっての建材。「この建物はなにでできているか？」にたいする回答。

(3)動力因（作用因）……事態が変化してこうなった原因。本書の用語で言えば、時間のなかで現状をもたらした、過去の原因。建物にとっての建設工事。「この建物はだれがどうやって建てたか？」にたいする回答。

(4)目的因……目標としての原因。本書の用語で言えば、時間のなかで現状をもたらした、未来の目標。建物にとっての用途。「この建物はなんのために建てたか?」にたいする回答。

僕らが原因というときには、(3)の動力因であることが多いようです。でも、たとえば自分がなにかをおこなう理由を、僕たちはきちんと知っているのでしょうか?

自己という仮の概念、目的という仮の概念

英国出身の人類学者でサイバネティクス研究者のグレゴリー・ベイトソンは、木こりが斧《おの》で木を切る行為を、つぎのように分析しています。

〈斧のそれぞれの一打ちは、前回斧が木につけた切り目によって制御されている。このプロセスの自己修正性(精神性)は、木―目―脳―筋―斧―打―木のシステム全体によってもたらされる。このトータルなシステムこそが、内在的な精神の特性を持つのである。〔……〕

ところが西洋の人間は一般に、木が倒されるシークェンスを、このようなものとは見ず、「自分が木を切った」と考える。そればかりか、〝自己〟という独立した行為者があって、それが独立した〝対象〟に、独立した〝目的〟を持った行為をなすのだと信じさえする〉(「「自

己」なるもののサイバネティクス」佐藤良明訳『精神の生態学』改訂第2版所収、新思索社）

ここでベイトソンは西洋とそれ以外の文化の違いについて言おうとしていますが、それは本書では大きな問題ではないので、〈西洋の〉の三文字はひとまず無視してください。

ストーリーというものはたいてい、こういった自己を抱えた行為項（agents、ざっくり言って登場人物）によって担われています。人間は日常、ストーリー形式で世界を認識しているので、〈自己〉〈「私」〉や〈目的〉という概念を、なかなか疑うことができないのです（第1章第1節を思い出してください）。ベイトソンがいうように、〈自己〉や〈目的〉という概念は、確定しえないかりそめの概念だというのに。

アリストテレスが述べた(4)の目的因もまた、人間に降りかかる問です。

何度も述べてきたように、人間は不本意な状況に置かれると、「なぜ？」と問います。そして、不本意な状況があまりに深刻だったり、あまりに長期化したりすると、「なぜ生きてるんだろう？」と問うてしまうようになります。

ほかのだれでもなく「この私」

フランス出身の文化人類学者パスカル・ボイヤー（ボワイエ）は、ある種のできごとは、通常の因果関係の点からはそう簡単には答えられない質問を自然に発生させるといいます。つまり、「なぜ（ほかのだれかではなくて）私が？」という問です。

ボイヤーによれば、私たちは、できごとを見てそこから直接疑問を生じさせるのではなくて、そういったできごとを、特定のアングルからすでに考察しつつあるときにのみ、通常の因果関係の点からはそう簡単には答えられない質問を発生させるというのです。

ボイヤーいわく、〈人間の心は、物語的心あるいは文学的心である〉。〈まわりの出来事を、いかに些細《ささい》なことであれ、因果的な物語——つまり個々の出来事が別の出来事の結果であり、あとに続く出来事への道を開くような連鎖——によって表象しようとする〉（『神はなぜいるのか？』鈴木光太郎＋中村潔訳、ＮＴＴ出版。人間はどういうつもりで神という概念を作り出してしまうのか。進化心理学や認知科学、霊長類学などさまざまな角度から、この問を解き明かす本がたくさん出ていますが、本書はとりわけ読んでいて楽しく、また示唆的な本です）。

あなたはこのとき〈なぜ？〉と問うてはいますが、ほんとは、理由が知りたいのではなく、意味が知りたいのではないでしょうか？

もちろん、意味を外づけできるのは小説や漫画のようなばあいです。現実世界のなりゆき、とくに自分の人生については、意味を外づけすることはできません。そういうことを、これもまた頭ではわかっていても、ほかでもない自分の人生に大きくかかわるようなできごとこそ、なんとかしてその意味を知りたいと思うのが人情です。

ほかでもない私が、いまこの人を失ったこと、いまこの病の宣告を受けたこと、いま破産したこと。そういったことはあくまで個別の、一回性のできごとです。「だれか」でもなく、「だれでも」でもなく、「この私」という実存的な問題なのです。

ストーリーの秘密はここにあるような気がします。

公民権運動の指導者マーティン・ルーサー・キングはある晩、〈山の頂上に立ち約束の地を見た〉と語り、その翌日に暗殺されました。マサチューセッツ州ネイティックのイスラエル・テンプルの名誉ラビ、ハロルド・S・クシュナーによると、このことについて、〈黒人運動指導者としての彼の役割は峠を越していた〉、〈モーセがそうだったように自分もそこ〈約束の地〉に到達することなく死ぬことを暗示していたのだろう〉、〈〝過去の人〟〔……〕としてキングがつらい日々を生きなくてもいいように、神がそのいのちを取り去ったのだ〉と考える人が多いのだそうです（『なぜ私だけが苦しむのか　現代のヨブ記』斎藤《さいとう》武《たけし》訳、岩波現代文庫）。

クシュナーは、〈そんな理由づけにはまったく納得がゆきません〉とはっきり言い切っています。〈理由のないこともある〉。まったくそのとおりです。

6　なんのために生きているのか？　と問うとき

人生は不本意だらけ

生きていると、不本意な状況ばかりです。これを仏教で〈一切皆苦《いっさいかいく》〉と言います。〈苦〉という漢訳を見ると、なんとなく苦痛や苦悩といったハードな状況を考えてしまいます。だから、「いや、苦ばかりではないよ」と反論したくなります。けれど、苦と訳されたパーリ語dukkhaは「不本意」「思いどおりにいかないこと」全般をさすものでした。仏教は致命的な苦痛や苦悩と、ライトな不平不満や不快とを、本質面では分け隔てしないようです。

それでも「目的」「意味」を求めてしまう

苦（不本意な状況）が深刻だったり、長期化したりすると、「なぜ生きてるんだろう？」「どうしてこんなに苦しくて悩んでるんだろう？」と問うようになるものです。

前節でアリストテレスの『自然学』に教えられたことは、「なぜ？」という問には「原因」だけでなく「目的」もある、ということでした。

「なぜ生きてるんだろう？」と問うときは、原因や理由（「なんのせいで？」）よりも、むしろ目的、あるいは意味（「なんのために？」）を問うているのです。理由ではなく、意味が知りたい。

「原因」とは、客観的に「これ」と確定できるものではなく、人間がストーリー形式を使って世界を解釈するときに、解釈者の都合で頼りにする概念である、ということを、ヒュームは指摘しました（本章第1節）。そしてベイトソンは、「目的」も同じくそういうかりそめのものだと言い切りました（前節）。

それがわかっていても「目的」「意味」を求めてしまう。そのことを、べつに責めたり恥じたりしなくていいと思います。

「なんのために」がわからないのが苦しい

ドイツの哲学者ニーチェは『道徳の系譜学』（一八八七）の末尾で、以下のような人間学的洞察を提示しました。

〈人間は自分の存在にどのような意味があるのかという問題に苦悩した**の**である。〔……〕

人間の問題は〔……〕苦悩そのものにあったわけではない。「何のために苦悩するのか？」という叫びに、答えがないことが問題だったのだ〉〈苦悩の意味が示されること、苦悩が何のためであるかが示される必要があった。これまで人間を覆ってきた災いは、苦悩することそのものではなく、苦悩することに意味がないことだった〉（第三論文第二八節、中山元《なかやまげん》訳、光文社古典新訳文庫）

これを読んだとき、即時に思い出した歌があります。低年齢向けアニメソングとしては歌詞が異様に重いことで知られる「アンパンマンのマーチ」です。

なんのために生まれて
なにをして生きるのか
こたえられないなんて
そんなのはいやだ！

これを作詞したやなせたかし氏が、はたしてニーチェを意識していたのかどうか、不勉強にして僕は知りません。しかし、仏教が言うように〈生きる〉ことイコール〈苦〉〈不本意〉だとしたなら、この歌詞はまさしく『道徳の系譜学』の結論に調和します。〈生きる〉ことも〈苦〉（不本意）ですが、その「生きる苦しみ」が〈なんのために〉あるのか〈こたえられない〉ことこそが最大の〈いや〉＝〈苦〉だ、というわけなのですから。

「がっかり」は期待しているときにだけ出てくる言葉

ここで僕は、オーストリアの脳外科医で精神科医のヴィクトル・E・フランクルのことを思い出します。彼は『夜と霧』（一九四七／一九七七）で、ユダヤ人としてのナチス強制収容所体験を記述しました。彼によれば、あるとき、ふたりの被収容者が絶望的な極限状況下、自殺願望を口にするようになったとき、〈生きていることにもうなんにも期待がもてない〉という言いかたをしていたそうです。

〈期待〉という言葉を見ると、僕はいつもつぎの短歌を思い出します。

「がっかり」は期待しているときにだけ出てくる希望まみれの言葉　　枡野《ますの》浩一《こういち》

この短歌を思い出すたびに僕はいつも、驚きます。まず〈「がっかり」は期待しているときにだけ出てくる〉言葉である、という洞察の深さに驚きます。そのとおりとしか言いようがありません。枡野浩一さんの鋭さに驚き、教えられるばかりです。

そしてつぎに〈期待しているときに〉〈希望まみれの言葉〉が〈出てくる〉という考えかたに意表を突かれ、枡野さんと僕との体質の違いに驚きます。

というのも、僕は、他人や世界に期待していたあいだ、希望を持てなかったからです。そして、他人や世界に期待するのをやめたとたん、希望を持てるようになったからです。

ひょっとしたら、人は期待しているときには希望を持てないのではないでしょうか。

僕は「絶望」を「希望」の対義語としてではなく「期待」とセットの語としてとらえています。

「え？　期待と希望はそんなに違うの？」

とあなたは疑問に思いますか？　期待すると希望を持てない、というのは、『夜と霧』の重要な思想なのです。

人生への期待を手放す

『夜と霧』のふたりの被収容者はなぜ絶望していたのか。それは彼らが（知らずして）人生に期待していたからです。期待していたからこそ、極限状況が不本意（＝苦）としてたちあらわれてきたのです。

フランクルは彼らに、〈生きる意味についての問いを百八十度転換する〉という可能性を示唆しました。

〈わたしたちが生きることからなにを期待するかではなく、むしろひたすら、生きることがわたしたちからなにを期待しているかが問題なのだ〉（池田《いけだ》香代子《かよこ》訳、みすず書房）

ドイツ語でも日本語でも、〈期待〉する（erwarten）の〈待〉は、待つ（warten）ということです。フランス語なんて、「期待する」も「待つ」も同じattendreです。

すると、ひとりの被収容者は外国で自分を待っている子どもがあることを思い出しました。もうひとりは研究者で、何冊か刊行した段階でまだ未完の仕事が自分を待っているということを思い出しました。

〈自分を待っている仕事や愛する人間にたいする責任を自覚した人間は、生きることから降りられない。まさに、自分が「なぜ」存在するかを知っているので、ほとんどあらゆる「どのように」にも耐えられるのだ〉

問の方向を変えて、それに答える

こういった人たちの、生き抜く「目的」とするものへの思いは、本質的には「執着」というネガティヴなものと同根なのかもしれません。しかしうまく言えないのですが、違いがまったくないと言い切れる自信も僕にはないのです。

なにしろ、ふたりの被収容者は、自分が人生に期待することをやめたのですから。そして以後は逆に、人生が自分になにを期待しているか、なに（だれ）が自分を待っているかを考えるようになったのですから。「執着」が自分の欠如を埋めようとする感情、あるいは期待の問題であるのにたいして、ふたりの被収容者に自死を思いとどまらせた「目的」「責任」の意識は、覚悟を含む知的な理解の問題に見えるのです。

〈自分を待っている仕事や愛する人間にたいする責任を自覚した人間〉という言いかたにも注目したいところです。

フランクルは『死と愛　実存分析入門』およびその増補改訂版『人間とは何か　実存的精神療法』のなかで、責任という概念を重視しています。責任（Antwortung, responsibility, responsabilité）とは、どうやら、問に答える（antworten, answer, respond, répondre）ことらしいのです。

この連載の言葉づかいで考えてみると、「なぜ私が？」と問うストーリー形式から、「人生が私になにを期待しているか？」と問うストーリー形式へと〈転換する〉ことで、その後の人生がそのままその問への答になってしまう。これは恐るべき発想の転換です。

なお、すべての人はフランクルが提案するように生きるべきである、とは僕は思いません。人には〈責任〉を手放す自由や、人生から自発的に退場する自由もあります。また、やっぱり人生への期待を手放さず、その結果愚痴を言い続けるのも、世界を呪い続けるのも、当人がそうやって生きていきたいのであれば、それを選ぶのもまた当人の主体的自由です。すべての人はこの点で、各自与えられた条件のもと、責任を取るか取らないかを好きに選ぶことができる。というか、乱暴な言いかたをすれば、好きなほうの生きかたを、毎瞬間すでに選んでしまっているのです。

運命はストーリーの形をしている

本章第1節で書いたとおり、ロラン・バルトは、物語とは前後関係を因果関係にスライドさせる「前後即因果の誤謬」を体系的に濫用するものだ、と言いました。

そのあとバルトは、このようにも言っています。前後即因果とは〈運命〉というものの性質を短く言ったものだ、と。そして物語とは〈運命〉の言語《ラング》にほかならない、と続けます。この表現はこのままだとわかりにくいのですが、ここでは、運命とは物語（というかストーリー）の形を取ることによってのみ認知可能な形をとるものだ、くらいに取っておくことにします。正確なパラフレーズではまったくないのですが、ご勘弁ください。

運命といえば、一世紀から二世紀にかけてのギリシアのストア派哲学者エピクテトスは、こんなことを言っていました。

〈出来事が君の欲するように起ることを望まぬがいい、むしろ出来事が起るように起ることを欲し給え、そうすれば君はゆとりを持つことになるだろう〉（「提要」第八節、鹿野《かの》治助《じすけ》訳『人生談議』下巻所収、岩波文庫）

これはニーチェが『喜ばしき知恵』（一八八二／一八八七）第二七六節や『この人を見よ』（一八八八執筆）第一〇節で強調した〈運命愛〉につうじる考えかたです。またフランクルに影響を与えた二〇世紀前半オーストリアの精神科医アルフレート・アドラーが、大事なのはなにを持っているかではなく、持っているものをどう使うかだ、という意味のことを言っていたのも、思い起こします。

無自覚なストーリー作りをやめる

人間は世界をストーリー形式で把握し、新たな平衡状態に向けての事態進展・収束の弾道をシミュレーションする作業を、自覚せぬままおこなっています（本章第4節）。無自覚なストーリー作りのことを「妄想」と呼びます。

人生に期待するということの大部分は、この弾道予測への期待です。「がっかりする」とは、この無自覚な妄想的シミュレーションでしかないストーリーを「ほんとうの人生」と見なし、それと比較して現状を「贋《にせ》の人生」にしてしまうことにほかなりません。

僕がかつて人生に期待し、たびたびがっかりしていたとき、「人生に期待することをやめる」という選択肢が存在することを知りませんでした。物語論《ナラトロジー》を研究していて、教えられたことのひとつは、「人生に期待することをやめる」という選択肢が存在する、ということです。

言われてみれば自分は、自覚せぬまま人生や他人にこちらの皮算用的ストーリーを期待し、要求し、期待したストーリーを世界がどれくらい満たしてくれるのか、一喜一憂、いや一喜百憂くらいのペースで採点してきたともいえるなあ、と思ったわけです。自分が苦しいのは無自覚なストーリー作りのせいだったのか。なるほどね、と。

もちろん、期待と採点の繰り返しで生きていくのが、自分に合っていればよかったのでしょう。それが自分の体質に合っている人も、きっといることでしょう、どうやら僕には合っていなかった。それだけのことだったのです。

それ以来、「人間は物語る動物である」と自覚することで、ストーリーのフォーマットが悪く働いて自分が苦しい状況に陥る危険を減らし、あわよくば「ストーリー」のいいとこだけを取って生きていきたいという、虫のいいことを考えています。そして、この虫のいいことを考えれば考えるほど、いろんなことがラクになってしまいました。

もっとも、ある程度ラクになるまでに五年以上かかりました。五年以上も虫のいいことを考え続けるのはなかなかの偉業だと自分でも思いますが、虫のいいことを考えるほうは自分の気質に合っていたようで、いまなお虫のいいことを考え続けています。

もちろん、「虫のいいことを考えたから、いろんなことがラクになった」というのも、僕の物語的因果づけにほかなりません（本章第1節参照）。

物語論という方法は、いろんなことを教えてくれます。なお、無自覚なストーリー作りをやめるための具体的な方法は、とても大きな話題なので、またべつの機会にどこかで書きたいと思います。

【第2章のまとめ】

・人はAのあとにBが起こると、AのせいでBが起こったと思う傾向がある（前後即因果の誤謬）
・前後関係だけでなく、因果関係が加わると、ストーリーが滑らかになる
・人は個別の事例から一般論を帰納し、その一般論から演繹して新たな事例の原因・理由を説明したがる
・不本意な状況に置かれると「なぜ私が？」という実存的な問が起こり、ストーリーがそれに無理やり答えようとする
・「なぜ？」の答はできごとの原因だけでなく、できごとの理由・目的・意味であることも多い
・ストーリーは平常状態が破られるところから始まり、受信者・解釈者は非常事態が収まって新たな平衡状態に着地することを期待する
・受信者にとって物語は情報ではなく、体験である
・世界はほんとうは因果律的にはできていないし、理由のないことはいくらでもある

第3章

作り話がほんとうらしいってどういうこと？

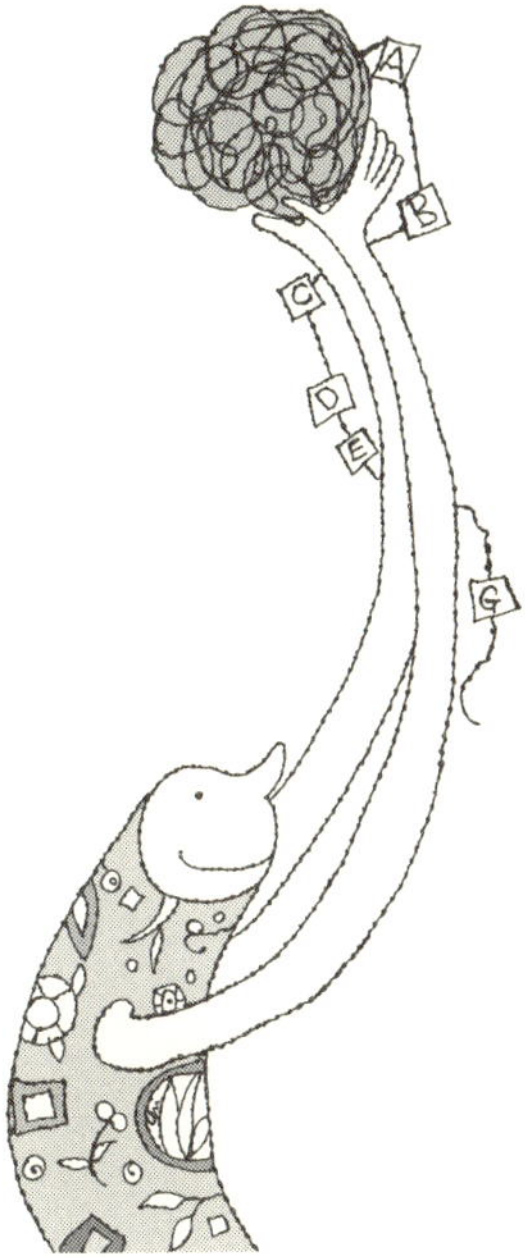

1　実話は必ずしも「ほんとうらしい」話でなくていい

世のなかには、純粋にストーリー部分だけのおもしろさを追求するタイプの話、というのも存在します。とくにジョークや怪談は、これといった教訓を必要としないばあいが多い。

そういう純粋にストーリー部分だけのおもしろさを追求するタイプの話でないばあいには、ストーリー部分だけを聴いて、聴き手の手持ちの一般論に一致するものがないばあいには、聴き手は、

「要するにどういうこと？」
「で、オチは？」

と言いたくなってしまうこともあります。

世に流通するストーリー（口頭での発話を含む）の多くは、小説ほど複雑な構成を持たないため、「一般論」（できごとの因果法則や「教訓」）を要求される傾向があります。しかし小説のような複雑な構成物でも、ストーリーの受け手（読者）は、自分が聴いているストーリーが自分の手持ちの「一般論」のレパートリーに一致すると、「納得した」「ほんとうらしい」と思う傾向があるようです。

以下、ジェラール・ジュネットとツヴェタン・トドロフという、ふたりのフランスの文学理論家の論をヒントにしながら、作り話《フィクション》における「一般論」と「納得感」について考えていきましょう。

「ほんとう」と「ほんとうらしさ」

ジュネットも挙げているのですが、一七世紀フランスで、コルネイユの悲劇『ル・シッド』(一六三七)とラファイエット夫人の小説『クレーヴの奥方』(一六七八)が、この点で問題となりました。

『ル・シッド』の主人公ロドリーグは、家門の名誉を汚した敵と決闘して、これを倒します。その前に彼はたいへん悩みます。なぜなら、その敵とは、恋人シメーヌの父だったからです。シメーヌはロドリーグを父の仇《かたき》とみなしますが、いろいろあって最後には、ロドリーグとの仲がさらに深まってしまい、結婚を約束します。

『クレーヴの奥方』のヒロインは、夫のある身でありながら、ヌムール公という男性と思い思われる仲となります。彼女はこんなことをしていてはいけないと考え(といっても、現代の感覚からすると、ヒロインもヌムール公も「なにもしていない」に等しいのですが)、相手への思いを断ち切ろうとして苦悩します。そしてこのいきさつを洗いざらい夫に話してしまうのですが、不幸な行き違いから夫は、妻が不倫を継続していると誤解し、こちらが苦悩のあまり死んでしまうのです。

それがヒーローにふさわしい傑出した人物であったとして、自分の父を殺した人物と婚約できるものでしょうか？　貞節の規範を尊重する妻であったとして、そのタイミングで夫に告白してしまうものでしょうか？　当時の論客のあいだで、これらの作品は物議をかもしたそうです。

一七世紀フランスの古典主義では、「ほんとうらしさ」「納得感」の背後にmustという動詞のふたつの意味、

(1)蓋然性（××に違いない、のはずがない）＝「一般論」
(2)義務（××すべきである、してはならない）＝「べき論」

の両方が、どうやら渾然一体《こんぜんいったい》となって働いていた、とジュネットは喝破しています。

まともな娘なら、父を殺した人物との結婚を受け入れるべきではない＝はずがない（must not）。

貞淑な妻なら、夫にそんなことを告白するべきではない＝はずがない（must not）。

大事なことは、当時の論客が、「そんなことは現実には不可能だ」と考えていたわけではない、ということです。

そうではなくて、

「父の仇と結婚する、そういう常軌を逸したことは現実には例外的に起こることはあるだろう。だからといって作り話である劇でそれをやるのは、ほんとうらしくない（＝納得した感がない）」

と考えていた、ということなのです。

・「ほんとうに起こるかと言われたら、（案外）起こるかもな」と思うこと
・「作り話だけど、ほんとうらしいな」という納得感を持つこと

このふたつのあいだにはズレがある、と、当時の論客は考えました。なかなか鋭いと思います。第1章第2節で書いたように、実話は「実話である」というだけで、報告価値をある程度帯びているのです。

「小説より奇」は、現実の特権

一七世紀のフランス古典主義では、文学の表現においては良識を持つこと、適切であるこ

とが重視されました。そして、『ル・シッド』『クレーヴの奥方』の筋を、不適切と見なす人がけっこういたというわけです。ここでいう「適切」とは、礼節や節度といった意味が含まれると同時に、作品が属する「ジャンル」のマナーや規則に適合していることも意味しています。

これは一七世紀の話にかぎりません。いまでも僕たちは、実話には要求しないタイプの説得力を、フィクション――とりわけ、娯楽小説やアクション映画など、「お約束」を重視する型の虚構コンテンツ――に求めてしまうことが、ままあるようです。

たしかに西部劇ではものごとはなんでも暴力でカタがついてしまい、異世界ファンタジーでは魔法がザラに使用され、謎解きミステリ小説では異様に凝った方法で殺人が実行され、ある種のライトノベルでは取り柄のない男の子が女の子（たち）にいきなりモテてしまいます。そういった「ほんとうらしくない」ことが起こるジャンルであっても、そのジャンル内で要求されるべつの「違和感のなさ」「納得感」が要求されます。

ツヴェタン・トドロフも示唆しているように、人は、言説やコンテンツがどういうジャンルに属するかを判断したうえで、そのジャンルの「お約束」に合致しているかどうかを気にしながら、その言説やコンテンツを受信・解読していくもののようです。

そして、説得力の基準は、作品が属するジャンルによって、ときには大きく異なります。謎解きミステリ小説では「違和感のない」筋でも、それを時代劇に移植したら、そこだけ浮いてしまったり、うまくいったばあいだと逆に新鮮な魅力になったりするわけです。

そして人はこういう意味での「ほんとうらしさ」「納得感」「説得力」を、実話には必ずしも要求しません。TVのワイドショウや週刊誌の注目を浴びる事件とよく似たストーリーを、小説家が作品として書いたとしたら、編集者はそれをボツにしてしまうのではないでしょうか。

「小説より奇」であるのは、現実の特権と見なされているわけです。

説得力の背後に格言がある

一七世紀フランス古典主義文学の例だと、「ほんとうらしい」筋とは、それが受信者（想定された観客や読者）の文化で共有されている格言（一般論）という類《タイプ》の、その一例＝種《トークン》であるような筋のことです。

ところで、この「一般論」が、ストーリーの発信者によって言葉で明言されるかどうかは、ケースバイケースです。あまりにも自明であると思われるとき、「一般論」や「教訓」を言わずともストーリーを聞いただけでわかるとみなされ、それを省きます。

個別の登場人物である太郎くんが正直さのせいで損をするストーリーは、「正直者（一般）は馬鹿を見る」という格言を持つ文化圏の読者にとって、一定の「ほんとうらしさ」を持ちます（あくまで、一定の、ですが）。だから、太郎くんが損をすることについて、これといって明言する必要はありません。

ジェラール・ジュネットが挙げている例はこれです。

〈侯爵夫人は車を呼び、そして出かけた〉

なぜ出かけたのか？　車が来たからです。なぜ車を呼んだのか？　出かけるためです。こういったつながりを、わざわざ言う必要は、通常はありません。なぜ？　という疑問すら、抱かないからです。この侯爵夫人の行動は、僕たちが知っている行動図式《スキーマ》に合致しているのです。

ところが、『クレーヴの奥方』の問題の場面では、クレーヴ大公夫人の行動が、当時の読者が共有している「格言」に反していながら、その動機は作中で説明されていませんでした。だから、当時の読者にとって、登場人物の行動は唐突であり、作品内にその説明がないがゆえに、納得いかないという感じを与えるものでした。この割り切れなさは、一七世紀の読者が「作り話《フィクション》の納得感」と「実話っぽさ」とを切り分けていたから起こったことです。
この納得いかなさは、ジュネットが作った例で言うならば、
〈侯爵夫人は車を呼び、そしてベッドに入った〉
というタイプのものになります。いかにも不条理です。このときはじめて、なぜ？　という疑問が生じるというわけです。

格言を拒否するケース

現実は格言に一致しないことが多く起こります。そして、「格言に一致しない」というそのことに「現実感」「ほんとうらしさ」を感じるケースも、いっぽうには存在しています。

一九世紀前半の小説家スタンダールの作品、たとえば『赤と黒』の主人公は、ある種の荒々しい行動に出ますが、『クレーヴの奥方』同様に、スタンダールはそこでは動機を説明しません。いまの僕たちは、スタンダールのこの、肝心なところで内面を書かない部分に、ある種の「説得力」を感じてしまいます。でも、ひょっとするとそれは、僕たちが、一七世紀フランスの人と違って、

「人間とは割り切れないものである」

「つねに理屈で割り切れる人間がフィクションに出てくると、逆に作りもの臭い」

「人間の割り切れなさを書くのも、文学の仕事である」

　という格言を持っている、ということなのかもしれません。だから、割り切れない行動をする登場人物が出てくると、それはそれで「説得力」を感じるのです。古典主義時代の観客や読者から見たら、僕たちは「フィクションと現実の区別がついていない」のかもしれません。

　スタンダールとほぼ同時代の小説家バルザックはその作品のなかで、スタンダール以上に数多く、荒々しい行動や激しい感情、また極端な忍耐力などの例を書いた人です。そしてスタンダールとは逆に、その登場人物たちの行動の動機を、逐一説明してしまいました。バルザックがやったことは、ジュネットが作った例で言うならば、

〈侯爵夫人は車を呼び、そしてベッドに入った。なぜなら、彼女はとても気まぐれだったから〉

　という形になります。これであれば、「なぜ？」という問への答が、本文中に明言されて、与えられています。

認知と一般論

〈侯爵夫人は車を呼び、そして出かけた〉の型と、〈侯爵夫人は車を呼び、そしてベッドに入った。なぜなら、彼女はとても気まぐれだったから〉の型との違いについて、認知科学の観点からも同様の例が報告されています。

〈サリーがアイロンをかけたので、シャツはしわくちゃだった〉

これは〈侯爵夫人は車を呼び、そしてベッドに入った〉の型に属する文です。教育心理学者・西林克彦《にしばやしかつひこ》は、J・D・ブランズフォードとM・K・ジョンスンの「理解の諸問題にかんする考察」のなかに出てくるこの文について、つぎのように述べています。

〈これは、考えるまでもなく了解可能とはいきません。ちょっとした努力を必要としたはずです。通常のアイロンがけの効用からすると、この文の前の部分は後ろの部分の原因とはなり得ません。したがって、この文が了解されるためには、サリーがアイロンがけが下手な人である、という仮定を持ち込まなければならないのです。そうしてはじめて、前が後ろの原因になることができるのです〉（『わかったつもり　読解力がつかない本当の原因』光文社新書）

ここで、サリー個人がアイロンがけを苦手とする個人である、という（明示されていない）説明をもしも明示したならば、バルザック型の物語になります。

しかしそもそも、サリーがただアイロンがけが苦手なのではなく、ひょっとしたらサリーは五歳児なのではないか、という疑念も、僕は抱きます。そうなるとアイロンがけが苦手なのはサリー個人の属性というより、すべての五歳児に共通する属性としてあらわれてきます。

僕がここまで踏み込んでしまうのもジュネットのおかげです。ジュネットは、バルザックふうの動機のもうひとつの型として、〈一般化する動機づけ〉をともなったケースも挙げているのでした。

〈侯爵夫人は車を呼び、そしてベッドに入った。なぜなら、侯爵夫人という人種の例に漏れず、彼女はとても気まぐれだったから〉

これもジュネットが作った例ですが、たしかにこういう感じの物言いを、バルザックは作中でよくやっています。これは、「すべての侯爵夫人は気まぐれである」という新しい格言を捏造してしまうというパターンです。

「すべての侯爵夫人は気まぐれである」なんて、すでに紹介した「大阪人は全員せっかちで納豆が嫌い」以上に怪しげな一般論ですね。読者はまんまと、

「そうなのか、侯爵夫人ていう人種は気まぐれな傾向があるんだな」

と、乗せられてしまうかもしれません。侯爵夫人という人種に出会ったことが一度もなか

ったとしても。いや、出会ったことがないからこそ。

五歳児がアイロンがけが下手なのはほぼ自明に思えます。そんな危険なことを彼女たちにさせることがあまりなくても、ほぼ見当はつくし。いっぽう、侯爵夫人という人種がはたして全員（あるいは高確率で）〈気まぐれ〉であるかどうかということにかんしては、爵位のない平成日本の住人には覚束《おぼつか》ない。そこでうっかり「侯爵夫人はみな気まぐれだ」と信じる人もいます。

でも〈侯爵夫人という人種の例に漏れず、彼女はとても気まぐれだった〉という「状態」の記述（描写）でわかるのは、侯爵夫人なる人種の属性ではなく、それにたいする語り手の考えなのだ、と冷静に距離を取る人もいるでしょう。

「日本人は」「女は」「男は」などを含むと、いわゆる「主語の大きな」言説となります。本書の文章にも「人間は」という大きな主語が数多く含まれています。ご用心。

2　人は世界を〈物語化〉する方法を変えることができる

『黒子のバスケ』脅迫事件の超偶然

・「ほんとうに起こるかと言われたら、〈案外〉起こるかもな」と思うこと

・「作り話だけど、ほんとうらしいな」という納得感を持つこと

このふたつのあいだにはズレがある、という話で、思い出したことがあります。

藤巻忠俊《ふじまきただとし》の人気漫画『黒子のバスケ』（集英社）をめぐって、二〇一二年から翌年にかけて、大きな事件が起こりました。「喪服の死神」「黒報隊」「怪人801面相」と名乗る人物が、『黒子のバスケ』作者の出身高校・大学、関連イヴェント（同人誌即売会を含む）の会場、アニメの放送局、グッズの製造元・小売チェーンに毒物を設置・送付し、大量の声明文・脅迫状を送ったのです。イヴェントの中止も多く、被害総額は莫大《ばくだい》なものとなりました。

この一連の事件の最初の一歩は、作者・藤巻さんの母校・上智《じょうち》大の男子バスケットボール部の練習場所で、藤巻さんを中傷する文書と併せて硫化水素を発生させる容器が発見されたことです。

その第一発見者となった同部マネージャーは、偶然にもアニメ『黒子のバスケ』主演声優の妹だったそうです。もしこれが一七世紀フランスの劇だったら、古典主義者に「いくらなんでも偶然がすごすぎて、納得感がない」と言われてしまうでしょう。

モンタージュで因果関係を作り出す

こういった事件をTVのワイドショウが取り上げるさいに、容疑者や被害者の学校の卒業アルバムが大写しになったり、中学時代の作文をナレーターが読み上げたりすることがあります。ウェブ上のソーシャルメディアでの発言が取り上げられることもあります。

容疑者の写真や文章が取り上げられるときには、因果関係っぽい納得感を作ろうとしているのではないでしょうか。少年期の作文に、後年の犯罪の萌芽《ほうが》のようなものを見つけたくて、番組制作会社も視聴者もうずうずしているように見えます。

事件がなぜ起こったか(因果関係)を知りたい。これは前章で見たように、ストーリーに飢えている心の癖、つまり人情というものです。これにたいして番組が提供するのは、事件がなんのあとで起こったか、という情報(前後関係)にすぎません。

ただの前後関係を、ナレーションやカット割り、音楽といった演出によって、なんとなく原因の説明に感じられるように、つまりなんとなく少しくらいは事件が「わかった」気がするように、並べてみたというところなのでしょう。

〈物語化〉する作業

心理学者ジュリアン・ジェインズは、脳の自動的な機能として、物語化という概念を提示しています。

〈自分の行動に原因を割り当てること、すなわち、特定の行動をとった理由を述べることは、すべて〈物語化〉の一部だ。そうした原因は、理由としては正しい場合も誤っている場合もある〉

〈泥棒は己の行為を貧しさのせいにし、詩人は美のため、科学者は真実のためと理由づけ、〈物語化〉をする。目的と原因は、意識の中で〈空間化〉される行動にしっかりと折り込まれる〉（『神々の沈黙　意識の誕生と文明の興亡』柴田《しばた》裕之《やすし》訳、紀伊《きの》國屋《くにや》書店）

僕たちはこのように、自分の人生物語《ライフストーリー》の主人公として、自己をイメージしています。それだけでなく、意識のなかにあるほとんどすべてのものは、〈物語化〉されてしまいます。

〈ある孤立した事実は、ほかの孤立した事実と適合するように〈物語化〉される。子供が通りで泣いていると、私たちは心の中でその出来事を、道に迷った子供とその子を探している親の心象に〈物語化〉する。ネコが木に登っていると、その出来事をイヌがネコをそこまで追い詰めている心象に〈物語化〉する〉

このように、〈物語化〉（本書の言いかたでは〈ストーリー化〉）とは、じつはいわば仮説の形成です。そして、なにか事件を起こした当事者も、それを見ている目撃者も、それを裁く裁判官も、事件のなりゆきをストーリー化します。そうすると納得感（理解できたという感情）が出るのです。

〈物語化〉のばらつき

〈物語化〉の方法の基本（前後関係を因果関係にすりかえる、などの傾向）はおおむね人類共通ですが、人によってそのやりかたが違っています。各人に違ったバイアスが違った強さでかかっています。

人間は、まだ情報を持たない幼少期に、いくつかの個別の体験をもとに世界観を形成し、その世界観が変更されぬまま、当人にとりついていることがあります。いわば、幼年期の独自な世界解釈である偏った一般論＝〈格言〉群を、正しいものと思いこんでしまうのです。自分の思いこみ（解釈）ではなく〈客観的〉な事実だと思いこんでしまう。僕もじつは、三〇代の終わりまで、そういう偏ったストーリーを生きていました。

人間はひとりひとり、世界をどう見るかにはばらつきがあります。とくに極端な世界観を持っている人のばあい、幼少期に形成した世界解釈（帰納を経た〈物語化〉）の方法が、年齢を重ねても修正されずにきた——ばあいによっては、その後の経験によって偏りが強化された――可能性もあるでしょう。いわゆる「認知の歪《ゆが》み」です。ただでさえそれはなかなか生きづらいことです。

さらにそれが被虐待児だったばあい――幸い僕はそれには該当しませんが――、その子の持つ世界観＝〈格言〉群は、「自分はこの世界にまったく受容されていない」という思いこみを前提とした、かなり偏った自罰的・悲観的な解釈装置となるのではないでしょうか。もしその世界観・一般論・格言が、その後年齢を重ねても修正されなかったならば、その人は長じてなお、自分が作り出したストーリーによって、自分や周囲の人を苦しめてしまうことになります。

高橋和巳《たかはしかずみ》医師は、被虐鬱の臨床経験から著した『消えたい　虐待された人の生き方から知る心の幸せ』（ちくま文庫）のなかで、幼児期の虐待を経て成長した人を〈異邦人〉と呼びます。

〈異邦人〉が抱える生きづらさの根源には、彼らが幼少期に形成した世界観があります。本書での用語でいうならば、彼らは、自分が主人公である人生物語《ライフストーリー》を、悲観的・自虐的にしか構成できなくなるのです。

幼少期に独特の世界観を形成し、その世界観がそのまま変更されず、当事者たちをとらえつづけているせいで、彼らは生きづらさを抱えているのです。なお、「世界観」というものは、本書で言う「一般論」「格言」と密接に関係があります。

冒頭陳述と「ウェブ世間」

『黒子のバスケ』連続脅迫事件では、二〇一三年一二月、渡邊博史《わたなべひろふみ》という元派遣社員が逮捕されました。

渡邊被告は翌二〇一四年三月の初公判に用意した冒頭陳述で、以下のように犯行動機を説明しています（以下引用は被告の著書『生ける屍《しかばね》の結末　「黒子のバスケ」脅迫事件の全真相』創出版、第二章から）。

〈自分の人生は汚くて醜くて無惨であると感じていました。〔……〕自殺という手段をもって社会から退場したいと思っていました。〔……〕自分はこれを「社会的安楽死」と命名していました。

〔……〕その決行を考えている時期に供述調書にある自分が「手に入れたくて手に入れられなかったもの」を全て持っている「黒子のバスケ」の作者の藤巻忠俊氏のことを知り、人生があまりに違い過ぎると愕然《がくぜん》とし、この巨大な相手にせめてもの一太刀を浴びせてやりたい

と思ってしまったのです。自分はこの事件の犯罪類型を「人生格差犯罪」と命名していました〉

〈自分の人生と犯行動機を身も蓋もなく客観的に表現しますと「10代20代をろくに努力もせず怠けて過ごして生きて来たバカが、30代にして『人生オワタ』状態になっていることに気がついて発狂し、自身のコンプレックスをくすぐる成功者を発見して、妬みから自殺の道連れにしてやろうと浅はかな考えから暴れた」ということになります〉

自分はたんなる不遇感の強い人物であり、犯行は成功者への妬みである、というのです。〈人生オワタ〉というある年代以上の人が使うネット方言を使って、自分を「三人称」的に記述しています。まるで、世間の人々が興味本位で、「きっとこういう動機であったに違いない」「こんな事件を起こす奴《やつ》はこういう性格に違いない」とネットであれこれ取り沙汰するような事情説明と、まったく同じようなものでした。

自分がなぜこの犯行に及んだのかを、自分で書いています。にもかかわらず、この冒頭陳述は、世間が自分をどう思っているか、ということを想像して、そっちのほうを書いてしまっているように読めるのです。

ここには、自分がどう感じるか、といったことよりも、世間（といってもじつはそれは被告が垣間《かいま》見たひとつのウェブコミュニティ、というか「ウェブ世間」のごく一部にすぎないのですが）が自分のことをどのように解釈するか、ということだけを想像して先取りし、それが自分だ、と物語化してしまったわけです。

いわば、学校のクラスで紛失事件があったときに、まだだれが犯人かわかっていない状態で、クラスメイトたちが、「こんな盗みをするのはきっとこんな奴にちがいない」と噂《うわさ》しているのを、盗みの犯人である生徒が小耳に挟んで、「そうだ。まったく自分はそういう奴なんだ」とそのプロファイリングを心密かに追認してしまう感じ、とでも言うべきでしょうか。

それが、数か月後の最終陳述において、彼はこんどは、自分が犯行前や犯行中、どう「感じていた」のか、ということを、メタな視点で再構成したのです。その結果、事件の動機の説明は最終陳述で大きく変わってしまいました。彼は、かつて自分が冒頭陳述でした説明を否定すると同時に、ウェブ上に存在するさまざまな人たちの勝手な推測をも否定してしまいます。いったい、彼になにが起こってしまったのでしょうか？

最終陳述はライフストーリーを変更した

冒頭陳述のあとに差し入れられた高橋和巳医師の著書を読み、被虐鬱の概念を知った被告は、七月の公判における最終陳述では、冒頭陳述の説明を撤回し、みずからの幼少期の、家庭での虐待と、学校でのいじめについて語りました。被虐鬱を抱えた渡邊被告は、まさに高橋医師が言う〈異邦人〉に属していたわけです。被告はべつに、そのことをもって自分を許すべきだ、と主張したわけではありません（人を「許さない」ということは法律以外ではほんとうは不可能なのですが）。

最終陳述の被告は「なぜ自分が犯行におよんだか」だけでなく、それ以上に「なぜ自分が冒頭陳述でうまく自己を開示できなかったか」を、驚くべき精度で説明しています。

〈新しい検事さんによる最初の取り調べで、「あなたの人生は不戦敗の人生ですね。それがつらかったんでしょう」と言われました。自分はその一言がきっかけで気がついたのです。自分は「黒子のバスケ」の作者氏の成功が羨ましかったのではないのです。この世の大多数を占める「夢を持って努力ができた普通の人たち」が羨ましかったのです。成功した人たちはすなわち努力した人たちです。自分は「夢を持って努力ができた普通の人たち」の代表として「黒子のバスケ」の作者氏を標的にしたのです〉

〈自分が一連の事件を起こした動機は、

「自分を存在させていた〔……〕『漫画家を目指して挫折した負け組』という設定を再び自

分で信じ込めるようにするため」

です。自分は「黒子のバスケ」の作者氏の成功が羨ましかったのではなかったのです。底辺で心安らかに沈殿して生きることを「黒子のバスケ」の作者氏に邪魔されたと感じたのです。自分は静かに朽ちて行きたかっただけなのです〉

冒頭陳述の物語は、被告が「被虐鬱」で歪んだ認知（世界観）をつうじて書いたから、被告自身の内実をうまく表現できず、「世間」が自分をどう見るかを想像し、あるいは事件進行中・逮捕後にネットで事件がどのように取り沙汰されているかを参照して、それを追認する形で書くしかありませんでした。

では被告は、冒頭陳述では嘘《うそ》をついていたということになるのでしょうか？　あるいは隠しごとをしていたのでしょうか？　そうではなく、ここで重要なのは、被告が犯行時にこの動機をまったく自覚していなかったということです。人は自分の行動の動機を、リアルタイムで意識できないことのほうが多いのかもしれません。字数の関係でこれ以上詳述できず、この要約では同書の与える大きな感銘をまったくお伝えできないのが悔しいのですが、『生ける屍の結末』は僕にとってたいへん衝撃的な本でした。

読書を経て、被告は、自分自身の動機解釈が偏っていたこと、そして自分を苦しめていたのは自分で紡ぎ出したストーリーだったということに、気づいたのです。犯行の当事者が語っているにもかかわらず、冒頭陳述と最終陳述とで、犯行動機の説明がまったく違っているので、読んでいてびっくりします。

冒頭陳述も「ひとつの仮説」として正解であり、最終陳述もまた「ひとつの仮説」として正解なのかもしれません。どちらにしても、仮説は仮説です。なにしろ、裁判での陳述というものはつねに、「ストーリー」の形で「物語る」以外に、提示の方法がないからです。

繰り返しますが、〈物語化〉とは、仮説の形成なのです。

『生ける屍の結末』と『異邦人』

渡邊博史被告の著書『生ける屍の結末』という本の第一章は、犯行の手順を時間順に説明し、最後に自分が逮捕されるところで終わっています。そして第二章は、冒頭陳述と最終陳述、そしてインタヴューなどから構成され、そこでは著者自身が自分の行動の動機を分析しています。

被告は高橋和巳医師の本を読み、自分が〈異邦人〉に相当することを知って、自分の行動の動機を解釈しなおしたのだそうです。そして第二部の後半に収録された最終陳述で、世間の人々の推測する自分の犯行動機を否定し、世間に対して反論しています。

『生ける屍の結末』という本のこういった構成を見て、僕はある小説を思い出しました。〈きょう、ママンが死んだ〉で始まるフランスの小説家カミュのロングセラー『異邦人』（一九四二年、窪田《くぼた》啓作《けいさく》訳、新潮文庫）です。高橋医師ではなくカミュの『異邦人』です。奇しくも渡邊被告も第二章で、母（いわゆる「毒母」）との関係について明言しています。

『異邦人』という小説は二部構成になっていて、第一部では主人公ムルソーが海辺で人を射殺してしまうまでを記述しています。そして第二部では、この不条理な殺人に対して世間があれこれ主人公の動機を推測し、いっぽう逮捕された主人公は、その世間の推測に対して反論しているのです。この構成は『生ける屍の結末』にそっくり、いや『生ける屍の結末』が『異邦人』にそっくりなのです。

ちなみに渡邊被告は、自分が『黒子のバスケ』の作者の成功を見て、〈自分の存在が完全に消失したかのように感じました。不条理小説の書き出しの一文のようですが、

「今日、自分を喪失した」

とでも表現すべき状態になってしまったのです〉

と書いています。

僕たちは事件の成り行きを「知りたい」のか？「決めつけたい」のか？

ムルソーの殺人に対しても、また渡邊被告の脅迫事件に対しても、僕たち世間は「きっとこういう動機であったに違いない」「こんな事件を起こす奴はこういう性格に違いない」と、動機を勝手に決めつけてしまいます。

　僕は本書第2章で、「人はできごとの理由を知りたい」と書きましたが、こういうものを見ていると、むしろ「人はできごとの理由を自分の知っているパターンに無理やり落としこみたい」と書いたほうが正確だったのかもしれません。

　つまり、海辺での殺人にせよ、『黒子のバスケ』にたいする連続脅迫事件にせよ、そういう非日常なできごとを前にした人は、そのできごとを自分の知っているパターンで説明したくなってしまうのです。今回のばあい、世間の人々よりも、それに先駆けてまず被告本人がそうでした。

　ほんとうのことを知りたいというよりも、未知のできごと（異《い》なるもの）をすでに知っているパターンの形に押しこめて消化（同化）してしまいたい、そういう感情です。つまりこれが、強引にストーリー化してしまう、ということなのです。

可視化される「ストーリー依存症」

カミュの『異邦人』で、殺人犯ムルソーは、世間の安易な物語化にたいして強く抵抗し、反論します。そして、自分が海辺で人を射殺したのは、太陽が眩《まぶ》しかったからだ、という内容の発言をします。常識で考えれば、これは人を射殺する理由としてまったくふさわしくありません。たんに理由として非常識であるという次元ですらなく、これでは殺人とまったく関係ないように思えるからです。

この「太陽のせい」という発言をどう解釈するか、ということに、僕はあまり興味がありません。むしろこの発言が、ムルソーの刑事裁判の経過に興味のある作中の「世間の人たち」にたいしてだけでなく、僕たちカミュの小説の読者にたいしても、どういう効果を与えるか、ということのほうに、むしろ強い興味を抱きます。

つまり、「太陽のせいで人を殺した」という発言は、じっさいに起こった射殺事件を、社会に通用しがちな物語の形（ここでは近代的な刑法で解釈可能な形）に落としこむことにたいして強く抵抗する、ということなのです。

人は世界を理解しようとするときに、ストーリー形式に依存してしまう。そして法に代表される社会制度もまた、その形式を採用せざるをえない。こういった人間学的傾向を人はふだんほとんど自覚しません。

『異邦人』第二部で主人公は、その傾向に抵抗します。その抵抗にたいして、作中の「善良な市民」たちは反感と苛立《いらだ》ちをあらわにします。このとき、それまで自覚していなかった前記の人間学的な事実が可視化されてしまうのです。

むしろ市民たちのムルソーへの反感は、日ごろ自覚していなかった自分の「ストーリー依存症」に気づかされそうになって、その事実、「自分たちが現実だと思っているものの多くは、自分たちが無自覚なまま構成させられてしまったストーリーである」という事実を慌てて否認する（見ないようにする）ために起こった感情なのかもしれません。

人間は世界を手持ちのストーリーで構成したい

『黒子のバスケ』連続脅迫事件の渡邊被告は、最終陳述ではムルソーのように、世間の安易なストーリー推測に抵抗を示しますが、その前の冒頭陳述の段階では、事件の当事者である彼自身でさえ、世間一般の見かたで自分の事件を語ってしまってます。冒頭陳述の段階では、被告の手持ちの説明パターンのなかに、幼年期の世界観が人を縛って認知を歪ませる可能性がある、というタイプの説明パターン（一般論）がなかったわけです。もちろん、被告の最終陳述が唯一の正解である、ということもまた証明不可能ですが。

人間の行動を、ときには、行動した当人ですら、自分がすでに持っているストーリーのパターンで説明してしまいがちだということ。これはたいへん興味深い現象です。人は、自分の行動の動機を説明するのにも、ありもののストーリーを借りてしまう。

「自分のことは自分がちゃんとわかっている」

というのは、錯覚にすぎません。このことは、本書の最終章でまた取り上げましょう。

【第3章のまとめ】

- **「実話」と「ほんとうらしい話」は違う**
- **話が手持ちの「一般論」に一致したとき、人はその話を「ほんとうらしい」と思う**
- **話しかたしだいで、いくらでも「主語の大きな」きめつけをすることができる**
- **自分の行動の動機を説明しても、けっこう出鱈目《でたらめ》なストーリーになっていることがある**
- **理解した、と思うとき、人はじつは決めつけている**

・子ども時代に作り上げた一般論の集合体（世界観）はしばしば偏っていて、そこから生まれるストーリーは成長後の人を苦しめることがある

第4章

「〜すべき」は「動物としての人間」の特徴である

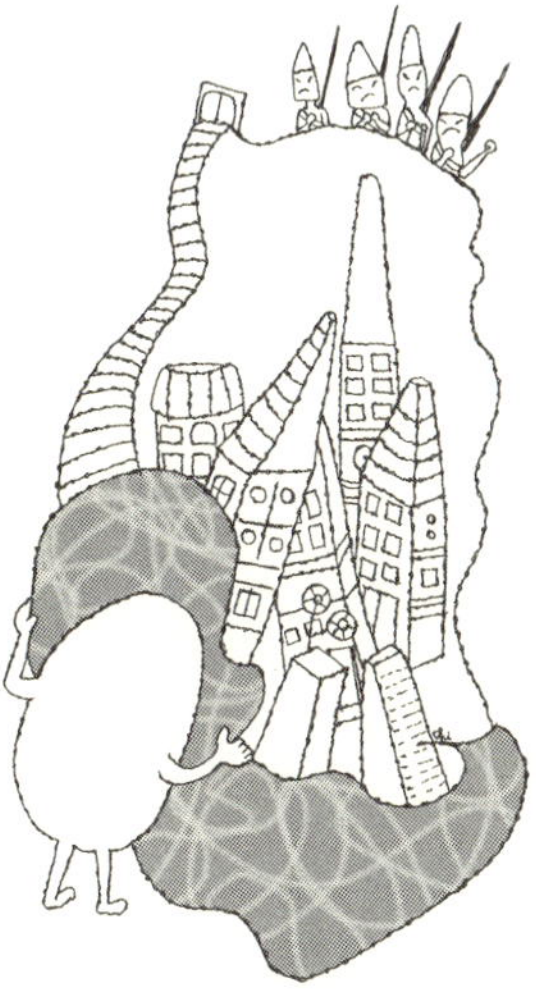

1　物語における道徳

因果応報と道徳

ここまで述べてきたように、ストーリーは人間の認知の枠組のひとつです。そのストーリーとともに作動しがちな思考の枠組のひとつに、〈道徳〉があります。

第2章で述べた感情のホメオスタシスについて、もう少し考えてみましょう。人間は「できごと＝事件」（非日常）を心のなかで解消しようとします。事件によって失われてしまった平衡状態を取り戻したいという感情が芽生えます。

それだけでなく、事件によって失われてしまった平衡状態を取り戻すために、事件を起こした存在の責任を問い、その存在に報いを与えたくなってしまいます。

因果応報や勧善懲悪などの、道徳的なストーリーの型が、古今東西を通じて見られるのは、因果応報という図式《スキーマ》が、人間の心のなかに根深く巣くっているからです。巣くうだなんて、通常は「悪」にたいして使う言葉。道徳的な感情にたいして使うのは、場違いに思うかもしれません。しかし、道徳感情は危険なものになりえます。そして、道徳感情は人間の「ストーリー依存」を支える基盤のひとつであるとも、僕は考えています。

「一般論」と「べき論」

すでに紹介したとおり、一七世紀フランス古典主義文学における「適切」「ほんとうらしさ」「納得感」の背後には、mustという動詞のふたつの意味、

(1)蓋然性（××に違いない、のはずがない）＝「一般論」

(2)義務（××すべきである、してはならない）＝「べき論」

の両方がごっちゃになって働いていました。

(1)の蓋然性を求める「一般論」のほうは、いっぽうでは「おまじない」を生み出し、他方では実験科学を生み出し、テクノロジーや医療を進歩させてきました。これについてはすでに第2章で述べたとおりです。第4章ではmustのもう一つの意味、(2)の義務を求める「べき論」に焦点を当てて話を進めたいと思います。

主人公が恋人の父を殺し、しかし恋人とはちゃんと結婚するという『ル・シッド』の筋が、当時の観客に抵抗感を与えたということは、当時の観客の頭のなかに、

(1)蓋然性＝貞淑な（劇の主要人物にふさわしい）娘であるならば、父親の殺害者と結婚するはずがない、

という「一般論」が存在し、それがまた

(2)義務＝貞淑な娘であるならば、父親の殺害者と結婚するべきではない
という「べき論」としても機能していたのです。(2)の「べき論」のことを「当為」と言ったりします。要は義務としてのmustのことです。

人間はこの「べき論」をつい、言ってしまいます。当為が成し遂げられること、義務が遂行されることを、ついつい期待してしまうのです。

ふたつのmustは喰《く》い違うことがある

ふたつのmust、「一般論」と「べき論」とは、しばしば喰い違います。「人は誠実に生きるべきである」は「べき論」ですが、「因果応報」「善因善果・悪因悪果」は「一般論」（諺《ことわざ》で言えば「正直の頭《こうべ》に神宿る」）です。

そして「一般論」には「因果応報」だけでなく、それと正反対の「正直者が馬鹿を見る」という一般論も存在します。これは、「渡る世間に鬼はなし」と「人を見たら泥棒と思え」という正反対の諺（一般論）が存在するのと同じです。〈人〉のなかに占める〈泥棒〉の割合は〇％でもなければ一〇〇％でもありません。〈世間〉における〈鬼〉の含有率だって、〇％でもなければ一〇〇％でもありません。ただし、「正直の頭に神宿る」と「正直者が馬

鹿を見る」とだったら、後者のほうがリアルに見えると感じてしまう傾向が人間にはあります（第2章第3節を参照）。

ですから、あるストーリーのなかで、よいおこないをした人が報われ、悪いおこないをした人が罰を受ける、という展開は、あなたの感情のある部署には「納得感」を与えますが、あなたの感情のべつの部署には「ほんとうらしさ」が足りないという感じを与えることもあるでしょう。そのどちらも、感情です。

(1a)蓋然性a＝「正直の頭に神宿る」――(2a)義務＝「人は誠実に生きるべきである」

(1b)蓋然性b＝「正直者が馬鹿を見る」――(2b)義務？（または処世術）＝「人は抜け目なく生きるべきである」

b系列の「人を見たら泥棒と思え」思想のほうが、一見頭がいいように見えます。しかし、それはまったく気のせいで、「人を見たら泥棒と思え」と言いたくなる感情は、自己防衛的な寂しさや恐れと考えたほうが実態に則しているのではないでしょうか？　もちろん、僕がお人よしだからそう考えるのかもしれませんが。

道徳は好き嫌いの背後にある

道徳というと、個人的な好き嫌いとはべつの社会的な規範のように思えます。でも、道徳は人の好き嫌いに関係があるというとらえかたもあるのです。

あなたには、好きな人がいますか？　また、苦手な人はいますか？　どういう事情でその人やそのものを好きになったあるいは嫌いになったか、思い出せないことも珍しくありません。でも、もちろん、その人やものを好きになったり嫌いになったりするきっかけが、はっきりしていることもあります。

「あの人は以前、私にとても親切にしてくれたので、好き」

「あの店は、以前入ったときに、出てきた料理がまずかったので、もう行きたくない」

こういったエピソード記憶が、その対象になる人や店の好き嫌いの感情を決めてしまうこともあるでしょう。それどころか、エピソード記憶が発達する前の赤ちゃんですら、対象の好き嫌いを具体的なできごとから引き出します。

このことでいつも思い出すのは、心理学者ポール・ブルームが、著書『赤ちゃんはどこまで人間なのか　心の理解の起源』（春日井《かすがい》晶子《あきこ》訳、ランダムハウス講談社）や『ジャスト・ベイビー　赤ちゃんが教えてくれる善悪の起源』（竹田円《たけだまどか》訳、ＮＴＴ出版）で繰り返し紹介している実験です。

ブルームたち実験者は、被験者となった赤ん坊に見せるために、図形が出てくるアニメーションをつくりました。

〈赤い丸が丘を登ろうとしている。すると、黄色い四角が背後からやって来て、やさしく丘の上に押し上げる（助ける）。別の場面では、緑の三角が前方からやって来て、丸を下へ押し戻した（邪魔をする）。次に、赤ちゃんたちに、丸が四角か三角のどちらかに接近する画像を見せる。〔……〕

九カ月児も一歳児も、丸が助けてくれた図形ではなく、邪魔をした図形に接近したときのほうが、見つめる時間は長かった〉（『ジャスト・ベイビー』）

ブルームによれば、赤ちゃんがより長く見つめる対象は、意外に感じた対象なのだそうです。つまり、

「意地悪な図形のほうに接近するのは意外なことである」

「人を邪魔する人より、人を助ける人を好きになるほうが自然である」

と赤ちゃんの段階ですでにそう感じているということになりますね。赤い丸なんてアニメーションのキャラクターというより、ほとんど記号か模様にすぎません。その丸が丘を登る

ことに成功しようが失敗しようが、アニメーションを見ている赤ちゃん本人に直接の利害関係はないというのに。

しかも人間は、言葉というものを持っていますから、人が親切をおこなう場面を直接見なくても、噂《うわさ》を聞くだけで相手に好印象を持ってしまいます。こういう先入観を、間接的な好悪感情と考えていいでしょう。

「あの人は親切（ではない）らしい」「あの人はフェアだ（ではない）」「あの人は勇敢だ（ではない）」「あの人は誠実だ（ではない）」といった評判を聞き知って、人間は「あの人」（目の前のだれかであれ、読んでいる小説の登場人物であれ）のことを好きになったり嫌いになったりするし、また自分が「不誠実だ」という評判を立てられることを避けるように振る舞うことを考えてしまうのです。

間接的な好悪感情

進化論では、人間の脳が持っている感情や、思考の癖、認知バイアスの数々を、文化以前の、群れで狩猟採集をして暮らしていた人間の行動パターンから生まれたものだと説明することがよくあります。生物体としての人類の歴史の大半は、ごく小さな群れで狩猟採集をしながら暮らしていた時間がほとんどです。僕たちが文化と呼ぶようなものが生まれたのは、人類史全体から見ればごく最近の短い期間にすぎません。

狩りに成功する日もあれば、失敗する日もあります。獲物を得た人は、獲物を得ることができなかったメンバーに、獲物を分け与えます。そうすれば、自分がうまくいかなかった日には、周りのだれかに獲物を分けてもらえるのです。このような互恵的なシステムがなければ、小さな群れはさっさと滅んでしまい、人類は現在のような繁栄を謳歌《おうか》することができなかったでしょう（……と、この進化論自体がひとつの「ストーリー」の形を取らざるをえないのですが）。

たんに親切な人が好かれるというだけのシステムではありません。ずるい人やがめつい人が嫌われ、自分はなにも提供しないのに他人からもらってばかりのフリーライダーが共同体から排除され、不正をおこなったメンバーが罰を受ける、というところまでいって、このシステムが成立します。ここから道徳というものが生まれ、また法という制度もこのシステムにかかわっている、という考えかたがあるようです。

人を助ける人は赤ちゃんにも好かれる、という話をさきほどしましたが、赤ちゃんどころか人間以外の霊長類の一部にも〈不公平嫌悪〉が見られるということを、動物行動学者フランス・ド・ヴァールは指摘しています（『道徳性の起源　ボノボが教えてくれること』柴田《しばた》裕之《やすし》訳、紀伊國屋《きのくにや》書店）。

人はどのように生きる「べき」か。

どのように生きる「べき」でないか。

「べき論」は小さな群れで暮らす霊長類が置かれていた、「公平に扱われないと不利になる」という強迫的な状況から生まれた、という考えかたがあるわけです。

人間に義務の遂行を要求してしまう道徳感情には、どのような人間学的な、そして物語論的な問題が潜んでいるでしょうか。ここからは、ストーリーと「べき」の非常に感情的な関係について考えます。

2　世界はどうある「べき」か？

「ざまあ見ろ」

僕はアクション映画が大好きです。

アクション映画というのは、基本的には勧善懲悪です。いや正確には、善悪は後づけで、主役に敵対するヤツをとにかく倒す、というシンプルな意味づけのストーリーになっています。主役を応援し、主役が敵を倒すと、スッキリ爽快な気分になります。高級な言葉で言うと「詩的正義」、くだけた言葉で言うと「ざまあ見ろ」。「ざまあ見ろ」があることで、アクション映画のストーリーは構築されます。「シンデレラ」や「舌切り雀《すずめ》」「こぶとり爺《じい》さん」などの昔話で、継母《ままはは》や姉たち、欲深い隣人たちに罰が下るのと同じです。

敵は道徳的に劣る者として描かれる。ということは、人間は、道徳的に劣る者を好まない、という傾向があるのでしょう。週刊誌が政治家のお金の使い方のまずいところをすっぱ抜いたり、芸能人がSNSで失言したりすると、その人たちを強く非難する人が出てくるのも、「自分はいま悪い奴をやっつけている」と感じることがある種の「快」となるように人間がプログラムされているからでしょう。

「悪い奴」が滅びるところを見たり、じっさいに自分でそういう対象に罵りの言葉を投げつけたりするとき、人間は、ドラッグの摂取に似た快感を味わっているはずです。「悪い奴」をこらしめる快感は、明らかに中毒性を持っています。

「公正世界」という誤謬《ごびゅう》

また人間は、因果応報という道徳的な収支決算の合った世界を夢想し、世界はそのように公正であるべきだ（must）、さらにはそうあるはずだ（must）と思っています（ここで僕は「因果応報」「善因善果」などのタームを、必ずしも仏教的に厳密な意味で使っているわけではありません）。正しい行為はすべて報われ、道徳的に間違った行為はすべて罰せられるはずだ、というのが、人間の心の癖（認知バイアス）の一種だ、という説もあります。

これを「公正世界」の誤謬、あるいは「公正世界」の仮説、と呼びます。

誤謬とはいうものの、この認知バイアスには、悪くない副作用もあります。こうすれば先々よいことがあるとか、このように行動すると悪いことがある（罰が当たる）とかいった行動の規範を持つことによって、人間は自分の未来を自分で作っていく、つまり胸を張って生きていくことができるとも考えられます。

努力しても報われるかどうかわからないと思っているよりは、自分の努力はきっと報われると思っているほうが、がんばりが効く、という人もけっこうあるわけです。

「公正世界」の誤謬の深甚な副作用

もちろん、困った副作用もある。

「公正世界」は「善因善果・悪因悪果」という世界です。そこに、「悪い結果」が与えられたばあい、「これにはきっと悪い原因があるに違いない」というふうに、結果から原因をさかのぼって、勝手な空想をしてしまうのです。

たとえば、一一八〇年四月の京都の竜巻被害について、鴨長明《かものちょうめい》は『方丈記』第一〇段で、つぎのように書いています。

〈旋風《つむじかぜ》そのものはけっして珍しくはないのだが、これほど深刻な被害を与えた例はあったろうか。異常だった。何か神仏あたりの警告なのだろうか、と不審に思われた〉（武田《たけだ》友宏《ともひろ》訳）

〈聖書的な考え方によれば、ソドムとゴモラを破壊した地震は、堕落した町の人たちを処罰する神の方法だということになります。〔……〕今日においてさえ、カリフォルニアの地震は、サンフランシスコの同性愛やロサンゼルスの性道徳の乱れに対する神の不快感の現れだと言う人がいるのです〉（クシュナー『なぜ私だけが苦しむのか』）

二〇一一年三月の東日本大震災のさい、福島の原子力発電所を破壊した津波について、当時東京都知事だった石原慎太郎《いしはらしんたろう》さんが、〈これはやっぱり天罰だと思う〉と述べました。石原さんは、津波にたいして、きわめてストーリー的な意味づけをしてみせたわけです。

津波は津波であり、それを日本人の「悪」という原因から起こった「悪い結果」である、というふうに意味づけてしまうのは、ここまでたびたび指摘してきた「因果関係への落としこみ」の典型例です。ロジックとしては、ヒンドゥー教の輪廻《りんね》転生《てんせい》観における、「前世で悪業を積んだゆえに今生はカーストが低い」とか、いまだったら、「露出の多い服を着ていたから痴漢に襲われるのだ」とか、そういった被害者を責める言説の一種です。

他責も自責も、根っこの仕組は同じ

地震や津波それ自体は、だれかが悪いことをした結果なんかではありません。そうなるとこんどは、原子力発電所の設計という「人為」を、人は責めたくなってしまうのです。

地震と津波、そしてそれによって引き起こされた原子力発電所の事故は、確かに不幸なできごとです。それをそのまま生《き》の状態でじっと見つめること、〈理由のないこともある〉（クシュナー、本書第2章第5節参照）と認めることは、人によっては簡単なことではありません。ただの不幸なできごとだと耐えられないので、意味のある悪い結果としてこれをとらえなおし、それにふさわしい悪い原因を見つけてしまう。

日本人が悪かったからだ、という石原さんのストーリーも、原子力発電が悪かったからだ、というもうひとつのストーリーも、主張内容はバラバラですが、その感情面でのメカニズムにはよく似ているところがあるのです。

また、人は他責的になるだけでなく、自責的にもなります。他責も自責も、根っこの仕組は同じです。

二〇一五年の夏休みに、夜中に出かけていた寝屋川《ねやがわ》の中学生ふたりが殺害されたとき、「子どもが夜遊びしているのが悪い」「子どもに夜遊びさせている親が悪い」といったことを言う人がいました。それだけではなく、ふだんその周辺を見回っていたボランティアの初老の男性がニュースで、

「こういうことがないようにとふだんから気をつけていたのに、防げなかった」

と自分を責めていました。気持はわかります。でも申しわけありませんが、このような自責はなんの役にも立たない。それだけではなく、非常に不健康で有害な感情だと思います。

不幸なできごとには必ず「悪い原因」があるのか？

いきなり古代史の話になりますが、紀元前八世紀のユダヤ人は、北王国（イスラエル）と南王国（ユダ）というふたつの国に住んでいました。そして紀元前八世紀後半に、北王国は

アッシリアによって滅ぼされました。

いずれの王国も、ヤハウェという神さまを崇拝していました。この神はのちには、ユダヤ教でもキリスト教でも、世界を創造した「唯一神」ということになっていますが、当時はまだ、豊かな収穫をもたらしてくれたり、戦争で勝たせてくれたりする、いわゆる「ご利益《りやく》」のある神さまという扱いだったといいます。「ヤハウェはご利益のある神さまである」、だから「ヤハウェを崇拝する王国は安泰である」、と考えていたわけです。

ところが、イスラエル王国は、アッシリアによって滅ぼされてしまった。この「不幸なできごと」は、先立つ「ヤハウェはご利益のある神さまである」という命題と、矛盾をきたしてしまいます。こういう矛盾は気持悪い。世界観の収支決算が合わない。収支決算をなんとか合わせなければならない。では、どうやって辻褄《つじつま》を合わせるか。

僕みたいなベッタベタの日本人だったなら、「こっちの神社にはご利益がないから、あっちの神社にチェンジしよう」と、違う神さまにあっさり乗り換えることで、世界観の収支決算を合わせたところでしょう。

「悪い原因」を見つけると、ストーリーはいちおうつながる

しかし古代ユダヤ人は、そうはしませんでした。

「イスラエル王国がアッシリアに滅ぼされたのは、イスラエル王国の民がヤハウェをちゃんと崇拝していなかったからだ」

というふうに「悪い原因」を見つけ、ストーリーをつなげて、世界観の収支決算を合わせたのです。

すごいロジック！　僕とはまったく違うストーリーのつなげかたをしています。たしかに、ちゃんと崇拝していなかったのなら、神さまだってご利益を恵んであげる筋合いはないでしょう。

国家神道が敗北を喫した第二次世界大戦終結の二年後、民俗学者・折口信夫《おりくちしのぶ》は、こんなことを書いています。

〈戦争中の我々の信仰を省みると神々に対して悔いずには居られない。我々は様々祈願をしたけれど、我々の動機には利己的なことが多かつた。〔……〕我々は奇蹟《きせき》を信じてゐた。しかし、我々側には一つも現れず、向う〔連合軍〕ばかりに現れた。それは、古代過去の信仰の形骸のみにたよつて、心の中に現に神を信じなかつたのだ。だから過去の信仰の形骸のみにたよつて、心の中に現実に神の信仰を持つてゐないのだから、敗けるのは信仰的に必然だ

と考へられた〉（「神道宗教化の意義」〔一九四七〕）

なんと、日本人が「こっちの神社にはご利益がないから、あっちの神社にチェンジしよう」と目先のご利益を追うことしか考えない千野みたいな奴らばっかりで自分たちの神をちゃんと信じていなかったせいで日本は戦争に負けたのだ、と折口は言うのです。

ここで、親に虐待された子どもたちの話を思い出しました。

人間の子どもは、生まれてからかなりの年数、大人の保護がなければ生きていけません。子どもにとって親とは、それ以外にすがるもののない存在です。幼いころに親に虐待された子どものなかには、「親は間違っていない」という命題（「親の無謬性《むびゅうせい》」という誤謬）を守るために、「こんなにひどい目に遭うのだから、自分はそれにふさわしい悪い子なのだろう」と「悪い原因」を考えつくことによって矛盾を回避し、ストーリーをつなげ、世界観の収支決算を合わせるケースがあると聞きました。

「唯一神」が「天にましますわれらの父」であるとは、よく言ったものです。

不幸なできごとに、どのようにストーリー的な意味づけをほどこすか

さきほど書いたとおり、日本人が悪かったからだ、という石原慎太郎さんのストーリーも、

原子力発電が悪かったからだ、というもうひとつのストーリーも、まったく同じことをやっています。どちらも、「不幸なできごと」を前にして、悪者探しに走っています。「不幸なできごとが起こった以上、『悪い原因』が必ず存在するはずだ」と決めつけているのです。「公正世界」という誤謬です。そのように決めつけている以上は、だれが悪いか、どっちが悪いか、という責めあいになり、あるいはくよくよとした自責になってしまいます。

さっきの石原発言を、もう少し前の箇所から思い出してみましょう。

〈津波をうまく利用して、我欲をうまく洗い流す必要がある。積年にたまった日本人の心の垢《あか》を。これはやっぱり天罰だと思う〉

〈利用〉とか〈天罰〉とか、生々しい乱暴な単語が並んでいるので、読んでいるとついかっとなってしまう人もいるでしょうが、この発言からだって、引き出すべき考えかたがあるのです。

石原発言から引き出すポジティヴなメッセージがあるとしたら、それは、この不幸なできごとから学ぶべきことが多々あるだろうから、せっかくだからそれを冷静に学んで、考えを改めたほうがいいところがあるならばこのさいだからそこは改めて、「タダでは起きないぞ」というふうに構えましょうよ、ということではないでしょうか。

天罰という原始的なストーリー構築が邪魔をして、言いかたがザツになってしまって、傷つけなくてもいい人を傷つけてしまった。逆に言うと僕たちは、自分が納得するためなら、いくらでもこのようながさつなストーリーを構築してしまうということです。ストーリーが人間を苦しめるのはこういうときです。

3　僕たちはなぜ〈かっとなって〉しまうのか？

因果関係をつなぐmust

ストーリーにおいて、因果関係を言語で表現するときに、原因と結果とを結ぶ接続語句には「(だ)から」「ので」「ため(に)」などがあります。

〈道内の東側で高気圧が停滞したため、前線の動きが鈍く、長期間にわたって強い雨が降る要因となっている〉(どうしんウェブ「道内なぜ大雨続く? 高気圧停滞、暖気が流入」二〇一六年八月二日五時配信、傍点は引用者による)

この記事は〈なぜ〉? という問にたいして、〈道内の東側で高気圧が停滞したため〉と答えています。

おさらいになりますが、二〇一六年七月末の北海道内の大雨という個別の事情の理由について、このような記述がなぜ成立し、理解されるかというと、「高気圧が停滞すると、前線の動きが鈍くなるはずである」（あるいは「高気圧が停滞することイコール前線の動きが鈍ることである」）という、蓋然性のmust（「はずである」）が「一般論」として受け入れられていなければなりません。

A：道内の東側で高気圧が停滞した（きっかけとなったできごと）

B：「高気圧が停滞すると、前線の動きが鈍くなるはずである」（一般論）

C：長期間にわたって強い雨が降った（結果）

人為が介在しないこういった物理的な因果関係であれば、話はわりとシンプルで必然的です。ベイトソンが〈「ビリヤード球Aが、ビリヤード球Bにぶつかって、Bをポケットに落とした」という言いかたには、問題はない〉（「「自己」なるもののサイバネティクス」）と言ったとおりです。では、結果に人間の行動が介在している場合の因果関係は、どのようなストーリーになるでしょうか。

感情的リアクションにおける因果関係

人間が外界からの刺戟《しげき》に対して反応するとき、往々にしてそこに感情が介在します。その極端な例では、暴力事件において、衝動に駆られた容疑者が〈かっとなって〉反応してしまうケースがあります。

二〇一六年、シンガーソングライターをしていた大学生を、ファン（?）の男性が刺してしまった事件がありました。

〈容疑者は「プレゼントを贈ったが、送り返された。問いただしてもあいまいな答えをされたのでカッとなって刺した」と供述〉（東スポWeb「元刑事の犯罪社会学者が警察の後手対応を批判「警官配置すれば防げた」」二〇一六年五月二三日一六時〇〇分配信）

〈問いただしてもあいまいな答えをされたのでカッとなって刺した〉（傍点は引用者による）。

この供述では、〈あいまいな答えをされた〉という「きっかけとなったできごと」と〈カッとなって刺した〉という事実とが〈ので〉で接続されて、因果関係を形成しています。〈カッとなって刺した〉の部分はさらに、〈カッとなって〉という心理的結果と、〈刺した〉という物理的結果に分かれています。

〈かっとなって〉の諸例

教師が体罰で生徒を死に至らしめてしまった、という事件の公判で、裁判長は左記のように事件をストーリー化しました。

〈被告人が被害者に対し、スカート丈を校則に合わせるように再度注意したところ、被害者が「わかっちょる」と言うなどしたため、被告人は口答えをされたと思い、かっとなって咄《とっ》嗟《さ》に本件犯行に及んだ〉（藤井誠二『暴力の学校　倒錯の街　福岡・近畿大附属女子高校殺人事件』［朝日文庫］内、陶《す》山《やま》博生《ひろお》裁判長の発言。傍点は引用者による）

また、原因と結果をつなぐ接続語は、省略されるケースもあります。

〈中卒で調理の仕事についた子は、先輩に「施設出身者は挨拶もできないのか」と言われ、かっとなって手を出してしまったことがあると話してくれました〉（明智《あけち》カイト「差別や偏見、逆境に立ち向かう　児童養護施設から社会に巣立つ子どもたちの自立支援を考える」第二回［二〇一五年六月五日一一：〇〇配信］内、認定NPO法人ブリッジフォースマイル代表・林恵子さんの発言）

接続語が明示されていようがいまいが、
・〈被害者が「わかっちょる」と言〉った（きっかけとなったできごと）から、〈かっとなって〉（心理的結果）＋〈咄嗟に本件犯行に及んだ〉（物理的結果）
・〈先輩に「施設出身者は挨拶もできないのか」と言われ〉た（きっかけとなったできご

と）から、〈かっとなって〉（心理的結果）＋〈手を出してしまった〉（物理的結果）というロジックになっていることに変わりはありません。

この因果関係は、いかにもストーリー的です。いかにもストーリー的であるということは、説明として滑らかであるということです。しかしこの因果関係は、説明としてはほんとうに必然的なものなのでしょうか？

アルバート・エリスの「A・B・C」

問をもう少し精密にしてみましょう。〈かっとなって〉という感情が行動を作り出しているのはわかります。ではその感情は、「きっかけとなったできごと」から直接生まれているものなのでしょうか？

〈あいまいな答えをされた〉というできごとは、最初の例で言えば「道内の東側で高気圧が停滞した」というきっかけとなったできごと（A）に相当し、〈カッとなって〉という心理的結果＋〈刺した〉という物理的結果が「長期間にわたって強い雨が降った」（C）という結果に相当するとなると、そのあいだの「一般論」（B）はどういうものなのでしょうか？

米国の臨床心理学者アルバート・エリスは、人間の感情（心理的結果）はつぎのようにして生まれると言います。
A：activating event（きっかけとなったできごと）
↓
B：belief（信念）
↓
C：consequence（結果）

できごとが人にある感情を抱かせるのは、そもそもその人があらかじめある種の信念を持っているからだというのです（日本語で信念というと堅く信じている感じが出てしまいがちですが、原語 belief は必ずしもそうではなく、ときには自分が自覚せずに持っている考えのようなものまで広くさします）。

同じできごとを前にして、人によってリアクションが違う理由が、ここにあります。人によって抱いている信念が違うからです。先述の例で言うならば、このことになるでしょう。

A：問いただしても曖昧な返答をされた（きっかけとなったできごと）
B：「人は問いただされたら、明瞭な答を返すべき（must）である」（信念）＝一般論
C：カッとなっ（て刺し）た（結果）

こう書くと、「Bみたいな信念を持っているわけじゃなくて、ただ腹が立つんだ」と思ってしまうわけですが、しかしエリスによれば、「持ってないんだったら、Cの反応はしないでしょ？　Cのようにリアクションしてしまった以上、あなたは意識していなくてもBだと思ってたわけなんですよ、理屈上」ということになり、結局言い返せないんですよね。

あらかじめ持っているBという信念における「べき」（当為・義務・道徳）に、Aは反していています。このことが、Bを抱く者を〈かっと〉させます。このとき、Bを抱く当人がつねにBの信念にしたがって行動しているかどうかは、必ずしも関与しません。

無根拠なmustとしての信憑《ビリーフ》

Bの一般論をごらんください。たしかに、問われたことにたいしてちゃんと答えるのが理想的でしょう。

しかしこの「べき」は、現実世界に妥当するでしょうか？　そもそも、現実世界に妥当する当為（「べき」）などというものは、存在するのでしょうか？

Bの一般論は、じつのところ、「人は私が欲するとおりに行動するべきである」というふうに抽象化することができます。

このように抽象化すると、シンガーソングライターの大学生を刺してしまった人も、体罰で生徒を死に至らしめてしまった教師も、先輩に「施設出身者は挨拶もできないのか」と言われ、かっとなって手を出してしまった施設出身者も、あるいはまた、きょう乗換駅のプラットフォームで列に割り込みされて〈かっとなって〉しまった僕も、「人は私が欲するとおりに行動するべきである」という一般論を抱いているから〈かっとなって〉しまったのだ、とわかります。

しかし、**人は僕の欲求を満たすために存在・行動しているわけではありません。また僕も人の欲求を満たすために存在・行動しているわけではありません。**ですから、人が僕の欲するとおりに行動しないのは当然のことだし、また僕が人の欲するとおりに行動しないのも当然のことなのです。

ここでもまた、ストーリーが人を苦しめています。

「高気圧が停滞すると、前線の動きが鈍くなるはずである」という一般論のmustは蓋然性のmustであり、そこにはそれなりの科学的な必然がありました。かなりの程度、現実世界の実情に妥当しているものだったのです。

いっぽう、「人は私が欲するとおりに行動するべきである」という信念（一般論）のmust

はどうでしょうか？　このmustは「義務」「当為」「べき」のmustであり、世界にたいして、いわば「こうであれ」と命令しているというありかたになります。

読売ジャイアンツのオーナーで政治家でもあった正力松太郎に「巨人軍は常に紳士たれ」という遺訓がありますが、これも命令形です。「巨人軍は常に紳士であるはずだ」という蓋然性の話ではありません。野球賭博にかかわってしまう選手もいる、という現状は、命令形の内容に合致しません（だからこの遺訓はダメだという意味ではありませんよ。その逆で、理想論というのは、現実とある程度喰《く》い違う可能性がなければ役に立たないのです）。

感情的リアクションのストーリー化

「人は私が欲するとおりに行動するべきである」は信念としては不適切であり、現実世界には妥当しません。人間はしばしば、このような不適切な一般論を、知らず知らず抱いてしまっています。そしてそのことの自覚がありません。こういう、「不適切な一般論を知らず知らず抱いてしまうこと」もまた、人情と呼んでもいいかもしれません。

このことの背後には、人間がこのメンタリティで生き残ってきたこと、その人類の群がやがて共同体になっていたこと、言語などを使って「共感」のシステムを形成してきたことなどが関係していると思いますが、そのことを追跡するのは、本書の責務を遥《はる》かに超えた問題となります。いまここでは、こういった無根拠で不適切な一般論（must）を僕たちが抱いてしまっているという現状を確認するにとどめておきましょう。

では、このようなストーリー的な苦境から脱するためには――不適切な信念（一般論）から脱するためには、と言ってもいいですが――どういう手段があるでしょうか？

4 不適切な信念＝一般論から解放される

「自分は環境を変えるべきである」（must）か？

人間は他の動物と違って、目的を持って自分の環境を変えてきました。そのせいかどうかはわかりませんが、「自分は自分の意志に従って環境を変えることができるし、そうするべきである」（must）という一般論に、しばしばとらわれてしまいます。いわば「コントロール幻想」です。

「させる」という使役表現や、命令形という動詞の使いかたは、こういった人間の「コントロール幻想」という不適切な信念と関係があります。地震は困るので、起こらないようにさせたい。日照りも困るので、雨を降らせたい。あいつの発言は不愉快なので、黙らせたい。

夫婦（恋人）なのだから、自分の気持を、説明しないでもわかってくれるべきだ。自分の子どもなのだから、こうなってほしい、いや、なるべきだ。

こういった思考は、コントロール幻想そのものです。自然現象や他人を操作可能な対象と見なしています。勝手に。「自分には環境・他者を変える力がある」と思いこむコントロール幻想は、「できごとには原因がある」と思いこむ「因果関係への落としこみ」と同様に、人類が生き延びてくるうえで大いに役に立ったことと思います。

じっさいには、他者や環境や状況は、いつでも操作できるとは限らない。その当たり前のことが明らかになっただけで、人はネガティヴな反応を示してしまいます。

人間には操作できる対象とできない対象があります。同じ対象でも、操作できるときとできないときがあります。たとえ対象が自分が望んだとおりの行動をしたとしても、それはただの偶然か、その対象自体の自発的行動の結果であって、こちらの働きかけの結果ではない、ということだってよくあります。

第2章の雨乞いのなぞなぞのことを思い出してください。村人は雨乞いの儀式によって雨を降らせた（操作した）と信じていますが、はたで見ている僕たちは、雨が降ったのは自然現象であって、雨乞いの結果ではないと考えます。

たいていのばあい、人間は本来操作できる範囲を超えたところまで、自分で操作できるはずだと思ってしまっている。そうすると、しょっちゅう、いろんなものにたいして操作を試みる結果、操作の試みの失敗率が上がります。ストーリー的に言えば、多くのものを操作しようとすればするほど、うまくいかないできごとの数が増す、ということになるわけです。

感情行為直結説と行為選択可能説のストーリー

emotion（情動）とは、「精神を揺り動かすもの」であり、passion（情念）とは、「受け身」（精神が影響を受けること）です。passionの形容詞はpassive（受動的な）です。passive voiceといえば文法の受動態。このように、感情というものは、「私」を外から揺り動かすもの、「私」はそれを「受け身」で体験するしかない存在、というふうにとらえられる傾向があります。

passive voiceの反対はactive voice（能動態）。active（能動的な）の名詞はaction（行動）ですね。行動は「自分でやる」ことであり、その反対に、感情は「受ける」もの＝自分では選択しようがないもの、というわけです。

前節で〈カッとなって刺した〉〈かっとなって咄嗟《とっさ》に本件犯行に及んだ〉〈かっとなって手

を出してしまった〉といったストーリー表現を取り上げましたね。自分の感情の赴くままに行動した結果、暴力に発展してしまうケースはよくあります。

そのとき僕はこう書きました。

・〈かっとなって〉の部分は心理的結果
・〈刺した〉〈本件犯行に及んだ〉〈手を出してしまった〉の部分は物理的結果

このばあいの「物理的結果」は「身体的行為」です（「身体的」・「物理的」、どちらも英語ではphysicalです）。〈かっとなって〉という感情（身体が受けたもの）によって、行為が、意志の選択の余地なく、暴力として発動してしまっています。これでは、行為（能動的なaction）までもが受け身（受動的なpassion）になってしまっているではありませんか。

このように、「自分の感情の赴くままに行動する」「感情の反応が行為を決定してしまう」という筋書きを、「感情行為直結説」のストーリーと呼びましょう。

でもこのストーリー、ほんとうのことでしょうか？　これとはまったく逆の考えかたも、古来あるのです。それを、「行為選択可能説」のストーリーと呼びましょう。

自分の感情の赴くままに行動することは「自由」か？

さきほど、〈人間は本来操作できる範囲を超えたところまで、自分で操作できるはずだと思ってしまっている〉と書きましたが、ここにひとつ、例外があります。ときとして人間は、ただひとつ操作できる可能性があるものを、操作できないと勘違いしてしまっていることがあるのです。

ただひとつ操作の可能性があるもの、それは自分の選択です。他人が僕に親切にするかどうかは操作できませんが、僕が他人に親切にするかどうかは自分で選択できる可能性があるのです。

ストア派哲学における「行為選択可能説」

〈人々を不安にするものは事柄ではなくして、事柄に関する考えである〉（エピクテトス「提要」第五節）

ストーリー的因果関係に感情が支配される仕組を、ひとことで言うとこうなります。〈事柄〉は自分の管轄外だけれど、〈事柄に関する考え〉は自分の管轄内ですから、後者のほうは制御可能であり、そこさえ制御してしまえば、〈不安〉のない状態で〈事柄〉に対処することができます。

不安というネガティヴ感情に流されると、事態に冷静に対処しないということになります。対処がうまくいく確率が高くはなりませんよね。

アラン『幸福論』における「行為選択可能説」

〈小雨が降ってくる。表にいる。傘を広げる。それだけでいい。「また雨か、厭《いや》だな！」とか言ったところで、なにかマシなことがあるだろうか。雨滴にも雲にも風にも、なんの影響も与えない〉（アラン『幸福論』第六三プロポ［一九〇七］、拙訳）

外出時の雨は、ときとして厄介です。だからついストーリー的には、「雨だから、不快だ」となってしまいがちです。けれど、それをいちいち不快がっていたのでは、「雨」プラス「不快」というふたつの厄介ごとを抱えこんでしまいます。雨を自力で止めることはできませんが、不快がる感情を自力で手放すことはできます。

なお、**手放すことはけっして我慢・辛抱・抑圧することではありません**。どう違うのかについては本書の射程を超えるので、またの機会に書ければいいなと思います。

南伝仏教における「行為選択可能説」

南伝仏教の『相応部経典』七―二「讒謗《ざんぼう》」、漢訳『雑阿含経《ぞうあごんきょう》』四二―八～九「卑嶷《ひぎょく》・瞋《しん》罵《め》」では、「讒謗」という渾名《あだな》のバーラドヴァージャ姓のバラモンが、同じ姓のバラモンのひとりがゴータマ・ブッダのもとで出家したことを知って（いわば宗旨替えです）怒り、ブッダのもとにどなりこんでくる場面があります。

批難され怒りを浴びせられたブッダは、しかし自身が怒りでリアクションすることはありません。そのときのブッダの合理的でクールな返答は、増谷文雄《ますたにふみお》訳『阿含経典』（ちくま学芸文庫）第二巻のなかの「婆羅門《ばらもん》相応」第二篇《へん》で読めますが、ここでは小池龍之介《りゅうのすけ》さん編訳の『超訳 ブッダの言葉』（ディスカヴァー・トゥエンティワン）第一章第六篇でご紹介しましょう。

〈君が友人・知人をディナーに招待して、手によりをかけた料理でもてなそうとしたと想像してみよう。

けれどもあいにく、かれらには用事があり、すぐにそそくさと帰ってしまった。

すると君のお家のテーブルには、手つかずのまま皿に盛られた料理がどっさり残り、誰もいなくなったあとで、君はたった独りで寂しくそれらを食べるはめになるだろう。

ちょうどそのように、誰かが君に怒りをぶつけて攻撃してきたとするなら、それは相手が君を、怒りという毒を盛った料理のディナーに招待しているようなもの。

もしも君が冷静さを保ち、怒らずにすむなら、怒りという名の手料理を受け取らずに帰れるだろう。

すると怒っている人の心には、君に受け取ってもらえなかった毒料理が手つかずのまま、どっさり残る。

その人はたった独りで怒りの毒料理を食べて、自滅してくれるだろう〉

自分が自分の主人であるために

自由意志と行動の問題は、古くはキリスト教神学、近代では倫理学や実存主義哲学、近年では神経法学（行動の法的側面にかかわる脳科学）で問題とされてきました。果たして人間は、ほんとうの意味で「自由」に行動することができるのか？　というか、そもそも「ほんとうの自由」というとき、どういう意味で〈ほんとう〉なのか？　こういった問は、各分野の専門家にお任せしておきましょう。

少なくとも、以下のことは言えます。「自分の感情の赴くままに行動すること」は、選択がないので「不自由」だということです。コラムニストの酒井順子さんに『食欲の奴隷』という本がありましたが、そういう意味で言えば、自分の感情の赴くままに行動する（たとえば、かっとなってなにかしてしまう）のは、感情の奴隷です。

〈自己こそ自分の主《あるじ》である。〔……〕自己をよくととのえたならば、得難き主を得る〉（『ダンマパダ』一六〇、中村元訳『ブッダの真理のことば・感興のことば』所収、岩波文庫）

〈自分自身の主たり得ぬ者は何人《なんぴと》も自由ではない〉（エピクテトス「断片」第三五節、前掲『人生談議』下巻所収）

ブッダとエピクテトスとがよく似た表現で述べているとおり、自分のストーリーの主語を他者（たとえば「あの人は」〔世の中は〕わかってくれない」）ではなく、一人称単数（「僕はこうする」）にすることが、ストーリー的な苦境から脱する第一歩なのです。

【第4章のまとめ】

・人は不本意なできごとの原因を探し、その存在に報いを与えたがる義務や道徳を支える「べき論」は、意外と感情的

・世界は公正であるべきだという考え（公正世界の誤謬）に無自覚だと、被害者を責めたり自責したりする

・怒りや悲しみといったネガティヴ感情の背後に、無根拠な「べき論」という誤信念がある

・「べき論」によって人は、世界や他者を操作できると思いこんでしまう（コントロール幻想）

・感情につき動かされて行動することは選択肢をみずから手放すことであり、「自由」からもっとも遠い

・世界でひとつだけ選択可能なものは、できごとにたいする自分の態度である

第5章

僕たちは「自分がなにを知らないか」を知らない

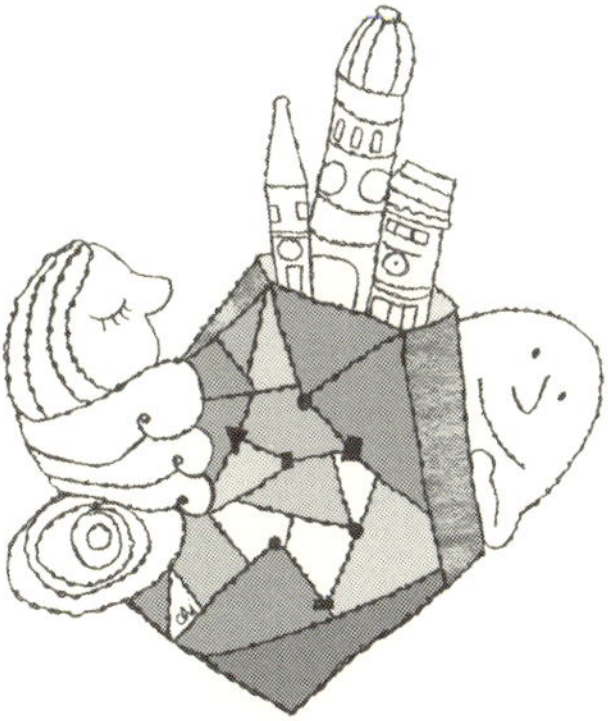

1 「心の理論」とストーリー

僕たちは「心の理論」を持っている

人は世界をストーリー形式で理解しようとするとき、「登場人物たちがなにを知っているか、なにを知らないか」を理解する必要があります。つまり、他人がときには「誤った信念」も持つことを理解する能力を使って、ストーリーを（そして世界を）理解しています。

この能力は「他人がどんな目的や信念を持ち、どんな推測をしているか」を推測する機能です。それを「心の理論」と呼んでいます。

「サリーとアンの課題」というのを聞いたことがあるかもしれません。サリーとアンがいっしょに部屋で遊んでいました。サリーはボールをバスケットに入れて、部屋から出て行きました。ひとりっきりになったアンは、ボールをバスケットから出して箱に移します。このあと部屋に戻ってきたサリーは、ボールで遊ぼうと考えて、どこを最初に探すでしょうか？

もちろんバスケットですよね。

しかし、これを三歳児に訊《き》くと、「箱」と答えるケースがけっこう多いそうです。正答率は、四～五歳でぐんと上昇するため、その時期に「心の理論」ができあがってくるのではないか、と言われています。その年齢を超えても、発達障碍《はったつしょうがい》があると正答率が下がるそうです。

登場人物の意図を忖度《そんたく》する

第2章で、世界にたいする「なぜ」（Why?）という問と、それへの回答（原因や理由）とが、ストーリーのストーリーらしさを生む、という話をしました。そのとき、人間が知りたい答（Because…）である「原因」のなかには、

「あの人があんなことを言ったのには、じつは深い考えがあったのではないか」

「最近この子が反撥《はんぱつ》してばかりだけど、ひょっとして反抗期？」


とか、そういった人間の行動の動機や理由、目的や意図も含まれる、と書きました。

登場人物の知識や信念だけでなく、第2章第5節で紹介した目的因とか意図（これも「心の理論」にかかわる要素です）を読者がどう理解するかも、ストーリーの理解に影響します。さらに「ある登場人物が他の登場人物の意図をどう理解しているか」を読者がどう理解しているか、これも大事です。僕らは簡単なストーリーを理解するためにも、じつはけっこうややこしいことをやっているのです。

ここでイソップ寓話《ぐうわ》「犬と鶏と狐《きつね》」を参照してみましょう（バートラム・ブルースがアレ

ンジしたヴァージョンを要約します）。

犬と鶏が森に行き、夜になったので鶏は木の枝にとまり、犬は木の下のうろで眠りました。夜が明けると、鶏は「こけこっこー！」とときを作りました。それを聞きつけた狐が、こいつを食ってやろうとやって来て、木の下から呼びかけます。

「なんてすてきな鶏くんなんだ。ぼくんちで朝ごはんなんてどう？」

鶏が答えて言うには、

「うれしいね。友だちもいっしょに連れてっていいかな？　木の下のうろでまだ寝てるんだけど」

狐は木のうろに顔を突っこんで言いました。

「ぼくんちで朝ごはんなんてどう？」

すると犬が飛び出して、狐の鼻面に襲いかかったのでした。

ほんとうはややこしいイソップ寓話

なんということもないシンプルな話ですが、物語を読み終わって鶏の行動を理解したとき、読者は、以下の諸計画を理解しています（マリー＝ロール・ライアンによる整理から簡略に紹介します）。

まず、このストーリーが鶏の目論見《もくろみ》どおりに進行したということを、読者は理解しています。鶏は、最後のオチの部分まで予想済みで「友だちもいっしょに連れてっていいかな？」と発言したということです。読者はこの大きな見取図の部品として、以下の要素も理解しています。

1　鶏が狐の隠れた意図を見抜いているということを、読者は理解しています。狐が自分を騙《だま》して食べようとしていることを、鶏は知っています。

2　鶏が騙されたふりをして狐を騙しているということを、読者は理解しています。鶏は、自分が狐の言うとおりに狐の家で朝食をともにする気があるように、見せかけているのです。

ここで〈友人〉という言いかたをすることで、木の下にいるのがもう一羽の鶏であると狐が勘違いするだろう、と鶏が考えていたことも、読者は理解しています。さきほどの「サリーとアンの課題」に正答できるような「心の理論」を持っているからです。

3　狐が〈友人〉も騙そうとするだろう、朝食の誘いをかけるだろう、ということを鶏が見抜いているということを、読者は理解しています。

4　犬が狐に襲いかかるだろう、ということを鶏が予想しているということを、読者は理解しています。

ストーリーは鶏の行動だけではできていません。狐がどういう意図を持っているかは〈こいつを食ってやろうとやって来て〉と明記してありますが、それだけでなく、狐が「鶏は俺に騙されて招待に応じた」という「誤信念」を持っていることも、書かれていなくても読者は理解しています。

犬がなにを考えているかということを言い出すと、さらに事態はややこしくなります。もうこのへんにしておきましょう。

鶏はほんとうに「騙されたふりをして騙した」のか?

読者は、鶏や狐や犬が「なぜ」そう行動したのかを理解するだけでなく、前述のように、「狐はこう言っているが、真意はこうだろう」と鶏がメタ水準で予測している、ということ、さらには「鶏はこう思っている」という狐によるメタ予測を鶏自身がメタメタ水準で予測している、ということを、書かれてなくても理解しています。

そう考えると、この物語自体がEテレ『ピタゴラスイッチ』のピタゴラ装置のように動く仕掛けのようにも感じられます。これをもっと複雑にすると、ある種の探偵小説のように、「事件が起こったら探偵はこのように考えて動くだろう」という予測を犯人が前もって立てて、自身の犯行計画のなかにそれを組みこみ、探偵が知らずして犯人の計画の一部を担ってしまう、というストーリーができあがるわけです。

ちなみにバートラム・ブルースによると、先のストーリーを読むかぎり、前述の解釈は唯一の正答ではありません。幼い子どもたちに読ませると、鶏はほんとうに犬と狐といっしょに食事をしたかったのだが、犬がその考えに反対しているということは知らなかったのだ、という解釈が出たそうです。これだと、前述の解釈よりはぐっとつまらない解釈になってしまうわけですが、ストーリーの本文を読んでも、この平板な解釈が間違っているという証拠は、見つけることができません。

登場人物（ここではたまたま動物でしたが）の内面という本文中の空所をどう埋めるかは、こんなシンプルな物語のばあいでさえ、現実の他人の内面のばあい同様に幅があるのです。いや、登場人物には身振りや表情や間や声のトーンがなくて文字だけなので、かえって難しいかもしれない。なにしろ、〈言葉によるメッセージよりも、それに対するコメントとして位置づけられる体感的なメッセージの方に、人はより大きな信頼を置く〉（ベイトソン「プリミティブな芸術の様式と優美と情報」佐藤良明訳、前掲『精神の生態学』所収）のですから。

ちなみにイソップ寓話の原話には、つぎのような教訓が明記されています。

〈このように人間の場合でも、賢い人は災いが襲ってきても容易に対抗する、ということをこの話は説き明かしている〉（中務哲郎《なかつかさてつお》訳、前掲『イソップ寓話集』所収）

これだと、子どもたちの解釈は退けられてしまいます。……と思いましたが、この教訓部分の〈賢い人〉が鶏をさしているのではなく犬をさしているのだ、と無理矢理解釈することができてしまうかもしれませんね。

2 「知らない」とはどういうことか？

第2章で、このような引用をしました。

〈フランスでは、人気の出る小説は宗教・性・貴族社会・謎という内容物を含むものだという公式があるという〔……〕。この公式に従うなら、報告価値がもっとも高い小説とは、「『ああ神さま』と侯爵夫人は言った。『私は妊娠してしまいました。そしてだれの子かわかりません』」というものとなる〉（ライアン『可能世界・人工知能・物語理論』）

四つの構成要素のうち、宗教（〈ああ神さま〉）、性（〈私は妊娠してしまいました〉）、貴族社会（〈と侯爵夫人は言った〉）の三つは、ストーリーに登場する題材です。

しかし〈謎〉（〈そしてだれの子かわかりません〉）は、謎というモノや概念が登場することではありません。そうではなく、ストーリーのなかに、明らかでない部分がある、というのが〈謎〉です。いや、たんに「明らかでない部分がある」だけでは、〈謎〉は成立しません。ここのところを考えるには、「知らない」とはどういうことか、について考える必要があります。

オイディプス、国を出る

テバイ王ライオスという人がギリシア神話に出てきます。古代の悲劇作家ソポクレスの『オイディプス王』のもととなった神話です。ライオスは「生まれた息子が父を殺し、母を娶《めと》るであろう」という神託を受けました。そこで、予言の成就を避けるため、生まれて間もない息子を山のなかに捨てさせます。

その男の子は運よく拾われ、コリントス王の（養）子オイディプスとして育ちました。彼は、両親を自分の生物学上の親だと信じていました。彼は知勇・武芸に秀でていたため、やっかんだ他の若者があるとき宴席で「お前なんかどうせ拾われた子だろう」と悪口を言いました。悪口を言った者が、真相を知っていたのでしょうか？　それともただ出鱈目《でたらめ》に悪口を言って、それがたまたま図星だったのでしょうか？　それは、神話からはわかりません。どちらにしても意地悪な人ですね。

オイディプスは悩み、自分はほんとうに両親（コリントス王夫妻）の子なのか、とアポロン神に尋ねました。神託はそれに答えず、ただ「お前は父を殺し、母を娶るであろう」と告げたのです。酒席で悪口を言った若者より、アポロン神のほうがもっと意地悪です。人が真剣に質問してるのに……。

オイディプスは自分を育てたコリントス王夫妻以外に親と呼べる人を知りません。だから神託に出てくる「父」「母」をコリントス王夫妻と考えました。そこで予言の成就を避けるため自国を去り、テバイへと逃げます。そここそが自分の故国であるということを知らないいままに。

オイディプス、謎を解く

その途中で、ふたつのできごとが起こります。

ひとつは、ある人の一行と諍《いさか》いを起こし、彼らを殺害してしまったこと。もうひとつは、怪物スピンクスが出す〈謎〉（なぞなぞ）に答えて、この怪物を退治したことです。

スピンクスは旅人が通りかかると、「朝は四本脚、昼は二本脚、夜は三本脚、これはなにか？」という問を出し、旅人が「朝は四本、昼は二本、夜は三本、……田舎の時刻表か？」などと考えているうちにこれを喰《く》い殺し、テバイに災厄をもたらしていました。それをオイディプスに「答は人間である。幼年期は『はいはい』し、成長して二足歩行、老いては杖《つえ》をつく」と即答され、高みから身を投げて死んだのです。

オイディプスが訪れたテバイは、王がなにものかに殺されて混乱しています。オイディプスは怪物スピンクスを倒しテバイを救った人物ですから、空位だった王の座につきました。そして前王ライオスの妃イオカステを、実母と知らぬまま娶り、子をなしました。

やがて、自分がテバイに来る途中に殺した一行のひとりが、ほかでもない前王ライオスだったこと、そしてそれが実父だったことを知る日が来るのです。

登場人物はなにを知らなかったか

このストーリーは、だれにでも理解できるものです。しかし、そのとき読者、聴き手あるいは観客は、「オイディプスはライオスとイオカステとの子である」というストーリーの内容を理解しているだけではありません。「登場人物がなにを知らなかったか」を、逐一理解しているのです。劇で、観客にはわかっているけど登場人物はそれを知らない、という状況が生む効果を、「劇的アイロニー」と呼びます。四〇歳以上の人なら「志村、うしろうしろ！」と叫びます。

具体的には、読者であるあなたは、以上の話を読んだときに、左記のことを理解していました。

(1)コリントスを出ようとしたとき、オイディプスは、両親が自分の生物学上の両親ではないということを知らなかった。

(2)山中でもめたとき、オイディプスとライオスは、自分たちが生物学上の親子だということを知らなかった。

(3)テバイで結婚したとき、オイディプスとイオカステは、自分たちが生物学上の親子だということを知らなかった。

つまりあなたは、作中世界だけでなく、何人かの登場人物の〈知識世界〉も理解したから、前述のオイディプス物語を理解できたわけです。

このように登場人物の〈知識世界〉は、作中世界の実情と一致しないことがしばしばあります。

問を胸に抱くということ

登場人物が知らなかったことを、右のように(1)から(3)まで並べてみましたが、じつは(1)と、(2)(3)とのあいだには、大きな違いがあります。わかりやすくするために、オイディプスを主語にして比べてみます。

(1)オイディプスは、両親が自分の生物学上の両親ではないということを知らなかった。
(2a)オイディプスは、諍いの相手が自分の生物学上の父だということを知らなかった。
(3a)オイディプスは、結婚の相手が自分の生物学上の母だということを知らなかった。

先述のように、オイディプスは「自分はほんとうに両親の子なのか」という問を、少なくとも一度は胸に抱いたわけです。これはたとえばスピンクスにクイズを出されたときと、ある意味似ています（違うのは、両親にかんする問はyes or noで答えるタイプの問だということ）。問を問として意識していた点で、両親のことで思い悩んでいたオイディプスは、「お腹の子の父親はあの人かしら、それともあの人かしら、あるいは……わかりません」と迷っている侯爵夫人と同じなのです。日本語ではこのように、(1)の「知らない」を「わからない」と言うこともあります。

「知らない」のふたつの様態

いっぽう(2a)(3a)のオイディプスは、諍いや結婚の相手が自分の生物学上の親であることを知らないだけでなく、そもそも「この相手は自分の親だろうか?」という問自体を胸に抱いていません。それは親たちのほうもそうです。言ってみれば、

・(1)は警察が殺人事件の犯人をまだ割り出していない状態

・(2)と(3)は事件は起こっているもののまだ通報されていないので事件の存在自体を警察が認知していない状態

ということになります。

(1)では主人公には

「両親が自分の生物学上の親かどうか」

という問が見えている。それによって主人公の知識世界のなかに空白(「両親が自分の生

物学上の親である」「ではない」のいずれか不定の状態）ができている。自分の知識がどこで欠けているかを知っている状態が、つまり〈謎〉なのです。もっともオイディプスは証拠不充分なまま、両親を生物学上の親だということにして行動してしまいますが……。

いっぽう(2)(3)は「相手は自分の生物学上の親である」という命題が視界の「外」にあるため、「相手が自分の生物学上の親かどうか」という問自体がそもそも立ち上がらない。〈謎〉ですらない。

このずいぶん違うふたつを、言葉のうえではともに「知らない」状態と呼んでいるわけです。

(2)(3)は、知らないだけでなく、自分がそれを知らないということも知らない。三人称的に「あー、あいつわかってねえなー」と、他人が観測することしかできない。

世のなかというのは、(2)(3)みたいなことばかりです。

問すら立てることができない対象

(1)の「知らないこと」は、問を立てた結果「知らないこと」となったわけです。いっぽう(2)(3)の「知らないこと」はそもそも、こちらの意志で問を立てること自体ができない。問を立てることができた瞬間、(1)の「知らないこと」にスライドしてしまいます。

たとえば、シャーロック・ホームズの髪の毛は何本でしょうか？　『吾輩《わがはい》は猫である』の〈吾輩〉の体毛の本数は何本でしょうか？　この問を読んで、「そうそう、私もそれ気になってたんだよね」と思う人はあまりいないと思います。つまりあなたにとってホームズの髪の本数は、この問を目にする直前まで、(2)(3)の意味で「知らないこと」（自分がそれを知らないということすら知らないこと）だったのです。そしてこの問を目にしてしまったいまとなってはもう、(1)の意味で「知らないこと」（自分がそれを知らないということは知っていること）になってしまいました。

言葉で記述された世界のなかには、発話者・作者も正解を持たない部分があります。夏目漱石《そうせき》だって、〈吾輩〉の体毛の本数は「偶数か奇数のどちらかであるはず」としか言いようがありません。

なぜ手術できないのか

スピンクスのなぞなぞの話が出たので、本書の「はじめに」に出したふたつのなぞなぞのうち、問2のほうを思い出してみましょう。

ある男がその息子を乗せて車を運転していた。すると、車はダンプカーと激突して大破した。

救急車で搬送中に、運転していた父親は死亡し、息子は意識不明の重体。

救急病院の手術室で、運びこまれてきた後者の顔を見た外科医は息を呑《の》んで、つぎのような意味のことを口にした。

「自分はこの手術はできない、なぜならこの怪我《けが》人は自分の息子だから」

これはいったいどういうことか？


たいへん有名ななぞなぞです。また、本書をお読みくださっているかたなら、「物語」とか「言葉」に興味がおありでしょうから、あるいは簡単に解けたかもしれません。でも、僕は人前で「物語」について話をするときに、よくこのなぞなぞを出すのですが、即座に答に行き着く人は少数派でした。

即答できなかった人たちが、世の中に女医というものが存在するということを、知らないわけではありません。たしかに外科医というのは医師のなかでもとりわけ、男性のイメージを強くまとっている部門です。そうは言っても手塚治虫の『ブラック・ジャック』に〈ブラック・クィーン〉と渾名《あだな》される凄腕《すごうで》の女性外科医が登場してから、かれこれ四〇年ほど経ちます。米倉涼子《よねくらりょうこ》主演のドラマ『ドクターX　外科医・大門未知子』がはじまったのが二〇一二年。

なぞなぞの文面には、外科医の性別や名前が明示されていませんでした（それを言うなら年齢や身長、髪の色や本数、靴のサイズに血液型、勤務先名、年収、マイナンバー、未婚既婚の別も、いっさい明示されません。卑怯《アンフェア》ですね！）。そして、答えられなかった人は、外科医の性別欄を自動的に（受動的に）埋めてしまい、しかも自分がそうしたことに自分では気づかない。

ストーリーを言葉で物語るとき、その本文はじつは、ホームズの髪の本数や外科医の性別のような「空所」だらけです。それでも人間はその本文を読み解いて、自分なりにストーリーを再構成することができます。そのとき、僕らは手持ちの解釈格子を使っています。

「自分がそれを知らないということ」を自発的に知ることは可能か

人は「自分がなにを知らないか」を知らないで、それでも生きています。「お前はそれを知らないのだ」と、人や状況に教えてもらわなければ、「自分はそれを知らない」ということを知ることすら叶わない。そして厄介なことに、「自分がなにを知らないか」を教えてくれるのはときとして、「お前なんかどうせ拾われた子だろう」なんていう「心ない」言葉だったりするのです。

というか、状況がこじれたるのはしばしば、知りたくないことを告げる言葉を「悪意からの言葉」というふうに意味づけてしまったり、逆に、自分のためにならない言葉を「よかれと思って言ってくれてるのだろう」と解釈してしまったりするときなのですよね。

「自分がなにを知らないか」を、前もって知ることは、とても難しいことです。

3　ライフストーリーの編集方針

僕らは未知を恐れ、毎日惰性で石橋を叩《たた》いている

人はそれぞれ、行動の指針となる「一般論」を持っています（第4章第1節）。同じ状況に置かれても、他人や世界にたいする信頼（「期待」ではなく）にもとづく「渡る世間に鬼はなし」と、不信にもとづく「人を見たら泥棒と思え」のどちらがベースになっているかで、人の世界解釈《ストーリー》も行動パターンも変わってきます。

慣れ親しんだ行動パターンを変えるのはさほど容易なことではなく、すごく怖い。だからふつう、人の世界観は固まっている。僕たちの行動のベースには、知らず知らず「転ばぬ先の杖」という諺《ことわざ》や「石橋を叩いて渡る」という慣用句が居座っています。いわば「メタ一般論」です。そうしているかぎりオイディプスのように、見えない大事な（しばしば不都合な）ことどとの遭遇を先送りすることができるともいえる。

「転ばぬ先の杖」に相当する英語の諺に"Look before you leap"（跳ぶまえに見よ）がありますす。人はほっとけば自分の身についた方法で生きるしかありません。ときにそれは裏返って「自分にはこの生きかたしかない」という自分への呪いになり、当人に未知を排除させ、既知の世界に閉じこもらせ、周囲の人を息苦しくさせることもあります。

第3章第2節で取り上げた『生ける屍《しかばね》の結末』の渡邊《わたなべ》被告（当時）は、幼少期のライフストーリーから導き出された世界観で生きかたが固まったあと、三〇代なかばになって、ようやくその生きかたを対象化することができました。

世界観が癖の強い形に固まってしまうのは、被虐鬱の人だけではありません。高度成長期にサラリーマンだった男性、若くてはじけていたバブル経済期のノリがつい出てしまう女性、宗教にハマって狂信的になった人など。豪快な、悪く言えばがさつな人は、現役時代にたまたまその手で切り抜けてきた生きかたを、変えずにいるだけかもしれません。その怠惰の背後に、未知の方法にたいする恐れがあるとしたら、不安な人といっしょです。結局僕たちはみんな、程度の差はあれ、石橋を惰性で叩いてしまう。

それでも僕らは毎日ミクロな虎穴に入っている

英国出身で米国に住んだ詩人ウィスタン・ヒュー・オーデンは、"Look before you leap" を逆にして "Leap before you Look"（一九四〇）という詩を書きました。大江健三郎がこの題を取って「見るまえに跳べ」（一九五八）という短篇《たんぺん》小説を書いています。こうすると、『後漢書』（五世紀）の〈虎穴に入らずんば虎子《こじ》を得ず〉、韓愈《かんゆ》（七六八―八二四）の詩「鴻溝《こうこう》を過《す》ぐ」に由来する「乾坤一擲《けんこんいってき》」、日本の慣用句で言えば「一か八《ばち》か」「当たって砕けろ」に近くなります。

この「見るまえに跳」ぶ行為を、じつは僕らはミクロ水準で毎日、毎瞬間おこなっています。日常会話がそれです。

第1章第3節で述べたように、人が発話するのは、必ずしも内容やストーリーを伝えたいからではない。声であれSNSの投稿であれ、人は内容の伝達以前に、他人に自分の言葉をただ投げたいのです。いい悪いはべつとして。そのとき僕らの会話は、はっきりしたルールに則《のっと》ってやりとりされるわけではありません。会話していて、「いまどうしてその話を持ち出すの？　卑怯《ひきょう》じゃん」と思わされることって、ありますよね。会話は無規則ではありませんが、そのルールは毎瞬間変わっているのです。

自分と同じ単語を使っていても、相手はその単語を同じように使っていない。そしてそのことを感じると、僕らは意識せぬままその違いをフィードバックして、自分のほうも変えたりします。会話には明文化されたルールブックがないので、「いまの反則だからいったん止めよう」と言ってくれる審判は、裁判などの例外を除き、ありません。

哲学者ヴィトゲンシュタインに倣《なら》って喩《たと》えるなら、ボールを投げて遊ぶ人々が、厳格なルールに則って遊ぶのではなく、遊びながらルールをその場その場ででっち上げ、改変していくようなものです。しかもその改変は、意図しておこなわれるというより、即時の改変がなされたあと、一拍遅れで「いま潮目が変わった」とわかるようなもの。批評家・柄谷行人《からたにこうじん》は『探究Ⅰ』（一九八六）でこういうのを〈命がけの飛躍〉〈暗闇の中での跳躍〉と喩えていました。見るまえに跳び、それに気づくのは跳んだあとなのです。

石橋のない崖にしがみつく

この原稿の締め切りが迫っているいま、まさにそうなのですが、追い詰められてピンチなとき、僕は、叩こうにも石橋なんか最初から掛かってない切り立った崖に取りすがって、支えのない空間にぶら下がっています。プレッシャーの感情に巻きこまれてどハマりしてしまうと、完全に絶望感しかありません。

しかし、もし僕がなにかの物語の主役で、視聴者が僕の苦闘を観ているとしたらどうでしょう？　ひょっとして崖にしがみついている僕の顔のアップに、「つづく」というテロップがかぶさっているのではないでしょうか？　自分の、まさに現在進行中の行動や考え自体を、その状況に一人称的にどハマりするのではなく、このように三人称的に対象化して認識することを、「メタ認知」と言います。

クリフハンガーという言葉があります。登場人物が断崖《クリフ》絶壁にぶら下がった（hangにはぶら下がる意味も、持ちこたえる意味もあります）ような場面で「次回につづく」と引きで興味を持続させる手口。転じて、はらはらさせる危機一髪がどんどん続く台本のことも言うそうです。ずばり『クリフハンガー』という題の山岳アクション映画では、人々が文字どおり何度も崖から落ちそうになったり、落ちたりしました。

さて、〈見るまえに跳べ〉〈暗闇の中での跳躍〉と、支えのない空間にジャンプする譬喩《ひゆ》が続きますが、『無門関《むもんかん》』『碧巌録《へきがんろく》』といった宋代《そうだい》の禅書には〈懸崖撒手《さっしゅ》〉〈切り立った崖から手を離す〉という言葉があります。クリフハンガー状況において、それまで持っていたライフストーリーの編集方針をすべて捨てる、ということでしょう。

ピンチのとき、気がつくと崖にしがみついている。「しがみつく」という日本語には、「固執する」「執着する」「依存する」の意味もありました。そこで両手をパッと放したらどうなるだろう？　でもなんの保証もないまま、過去の生きかたを放擲《ほうてき》するなんて、やりかたもわからないし、おそろしく強い意志が必要に思えますよね。そんな強い意志の持ち合わせがあるという自信のある人、どれくらいいますか？

崖から手を放す

崖の話を続けます。米国の哲学者・心理学者のウィリアム・ジェイムズが『宗教的経験の諸相』（一九〇二完結）で、こういう話をしました。〈信仰復興運動の説教者がよくする話に、夜、気がついたら崖の斜面を滑り落ちていっていた人の話がある〉（拙訳）。

以下、あなた自身がこの譬《たと》え話のなかに出てくるピンチの人だったらどうだろうかと、想像して読んでみてください。〈その人は木の枝に摑《つか》まって転落を免れ、しがみついたまま悲惨な状態に何時間も耐えた〉。木の枝に摑まったあなたの顔のアップ。画面左下に『ジョジョの奇妙な冒険』の"TO BE CONTINUED"のテロップ。

〈しかしとうとう握力が持ちこたえなくなり、絶望のなか、人生に別れを告げて、落ちることとなった。落ちた高さはほんの六インチ〔一五センチあまり〕だった。奮闘努力をもっと早くやめていたら、これほど苦悶《くもん》せずに済んだはずである〉

どうか想像してみてください、あなたの絶え絶えの息、汗が乾いてすっかり冷えきった体、掌《てのひら》の血豆、そして「こんなに低かったんだ……」という驚きを。

落ちぬようにしがみついた手をパッと放す、そんな強い意志の持ち合わせはない、とさっき書きましたが、こちらの譬え話《ストーリー》のおもしろさは、あなたが自発的というよりは受動的に落ちたことです。あなたは飛び込み選手のように意志して落ちたのではなく、握力がなくなって、もう抵抗する意志を失って、熟した果物が落ちるようにころんと落ちた。……意外に、これだって懸崖撒手なのではないでしょうか。

〈奮闘努力〉をやめるということは、固執《しがみつき》を手放す、諦める、ということですね。それにしても実態はたった一五センチなのに、夜とはいえずいぶん高く見積もっていたものです。ジェイムズの言葉は続きます。

〈説教者が言うのはこういうことだ。母なる大地が彼を受け止めたように、永遠者〔神〕の両腕は、それを無条件に信じるならば、受け止めてくれるだろう。おのれひとりの力では、用心しても護《まも》ってもらえないし、自己防衛しても救われないのだから、そんなものに頼りがちな親譲りの癖は捨ててしまえばいい、ということ。

〔……〕リラクゼーションや放下によって心を刷新する手順は、ルター派の「信仰によって義とされる」とかウェスレー派の「自由な恩寵《おんちょう》を受け容《い》れる」という考えかたと心理学的には区別できない。そして罪の自覚を持たずルター神学に関心のないふつうの人にも同じことが起こるということが、精神療法の世界では明らかになっている。引きつった私的な小我に休息を与え、大我がそこにあることに気づくだけでいいのだ〉

ジェイムズは〈がんばりを放棄した結果、心が刷新される〉という心理学的コメントをしています。〈引きつった私的な小我〉の〈がんばり〉が、必要以上に高い〈崖〉を作り出していた。〈がんばり〉とは、従来のストーリーメイキングへの執着なのです。

僕はべつに、信仰心のある敬虔《けいけん》な生きかたをしたいと言いたいわけではありません。あなたを勧誘しているわけでもない。もう少しだけ、おつきあいください。

二度生まれの人

英国の著述家フランシス・ウィリアム・ニューマンの『魂の悲しみと望み』（一八四七）のなかに、〈一度生まれ〉〈二度生まれ〉という概念があります。のちに、さきの『宗教的経験の諸相』に発展的に受けつがれました。日本では精神科医・神谷美恵子《かみやみえこ》や宗教学者・岸本《きしもと》英夫《ひでお》、政治学者・姜尚中《かんさんじゅん》がこの概念に注目しました。

〈一度生まれの人〉とは、日々の生活を生きているということ自体に、最初からダイレクトに価値がある人。「もうダメだ……」「なんのために生きてるんだろう」というヘヴィな「なぜ？」は出てこない。厭《いや》なことがあっても、ふつうに怒って悲しんで、ぼやきながらもやっていける。ライフストーリーの構築方法を見直す必要なし。健全。

〈二度生まれの人〉は、ジェイムズの本のなかでも場所によって使いかたがブレているように思います。岸本英夫や姜尚中の解釈を読むと、いまの人生それ自体にたいする「なぜ？」という深刻な問に取り憑《つ》かれ、煩悶し、もう一度生まれ直す必要があるタイプの人、というようなことが書いてあります。

たしかにそうも読めるのですが、ジェイムズの本を読んでいると、むしろ、人生の途中でそういう深刻な苦悩を生きた結果、さきほどの「崖から落ちる」経験を経て、もう一度生まれ直してライフストーリーが変わってしまった人、と読めそうな箇所もあるのです。どういう観点をとるかしだいで、〈人を一度生まれの人と分類するか二度生まれの人と分類するかは、まったく随意であるばあいが多い〉とジェイムズ自身書いています。そして本書の解釈からすると、〈一度生まれの人〉がなにかのきっかけで〈崖〉から落ちれば、〈二度生まれの人〉になるかもしれない。

すると〈一度生まれの人〉には、成長過程で素直に構築したストーリーメイキングのまま大過なく人生を送れる毛並みのいい〈一度生まれの人〉もいれば、成長過程で受け取ったストーリーメイキングによって果てしなく他責的・自責的となり、自分のストーリーによって自他を苦しめ続ける〈一度生まれの人〉もいるのではないか。

第3章第2節で取り上げた渡邊被告は、〈異邦人〉である自覚がなかった時期は、後者タイプの不幸な〈一度生まれの人〉だったのではないでしょうか？　そして〈異邦人〉である自覚を持ったときに〈二度生まれの人〉となったのでは？　もちろん著書執筆の段階で、著者はべつに信仰を得たわけでもなく、出所したら自殺するという決意を翻したわけでもないのですが。

ストーリーメイキングの根本修正

信仰心の薄い僕ですが、もう少しだけ、宗教の話をさせてください。『ルカによる福音書』第一五章に、イエスの「放蕩息子《ほうとう》」の譬え話《ストーリー》があります。

次男坊が父親に財産の生前分与を要求して、その財産を持って出奔し、遠い土地で放蕩・散財、折からの飢饉《ききん》で堕ちるところまで堕ちて飢えに苦しみ、悔い改めて家に帰ろうと決める。どの面《つら》下げて帰れよう？　そうだ、家族として迎えられるのではなく、雇い人として家に置いてもらおう。

遠くから彼を見つけた父は、駈《か》けよって次男を抱き寄せた。次男は言う。〈お父さん、わたしは天に対しても、またお父さんに対しても罪を犯しました。もう息子と呼ばれる資格はありません〉（新共同訳）。

父は次男の帰還を祝う宴を準備させる。畑で働いていた長男は騒ぎを聞きつけ、おもしろくない。〈このとおり、わたしは何年もお父さんに仕えています。言いつけに背いたことは一度もありません。それなのに〉と父の不公平を責め、弟を悪く言う（前章の〈不公平嫌悪〉）。父は答える。〈お前はいつもわたしと一緒にいる。わたしのものは全部お前のものだ。だが、お前のあの弟は死んでいたのに生き返った〔〈二度生まれ〉〕。いなくなっていたのに見つかったのだ。祝宴を開いて楽しみ喜ぶのは当たり前ではないか〉。

七世紀新羅の僧・元暁《がんぎょう》が書いた（とされていた）『遊心安楽道《ゆうしんあんらくどう》』にも、〈浄土宗の意図は、もともと凡夫救済のためにあり、兼ねて聖人《しょうにん》のためである〉とあります（法然《ほうねん》『選択本願念仏集《せんちゃく》』［角川ソフィア文庫］内引用の阿満利麿《あまとしまろ》訳）。法然の孫弟子にあたる唯円《ゆいえん》が師・親鸞《しんらん》の教えをまとめたという『歎異抄《たんにしょう》』（一三〇〇？）第三条にも〈善人でさえ浄土に行けます。まして悪人が行けないことはありません〉（千葉乗隆《ちばじょうりゅう》訳、角川ソフィア文庫）とあります。

イエスや元暁や親鸞は、マジメな委員長タイプよりも「むかしは悪かった俺」のほうが救われる、と言っているわけではありません。「俺もむかしは悪かった」とか自慢げに言う人は、〈崖〉から手を放したことは一度たりともない。

イエスや親鸞の言葉を読むと「自分の過去のストーリーメイキングを捨てないと、つぎが開けないんだよなあ」と思うのです。イエスの話の長男は、それまでいい子にしてたのは褒められたいがゆえの「がんばり」だったんだなあ。文句を言ったせいでそれがバレちゃったなあ。義務感で「いい人」やってる人って、周囲の人にも義務を当たり前のように押しつけるからなあ。と、聖書の洞察に深々と頭を垂《こうべ》れてしまいます。

たしかに僕は宗教の古典を、神や信仰と関係なさそうな文脈で、自己啓発本とか「あるあるネタ」的に勝手に読んでいるかもしれません。でもこの読みかたを「浅い」と思う人がいたとしたら、その人は、人間が自分のストーリーメイキングを捨てることの難しさを、よほど甘く見ているのでしょう。

　また前章で見たように、人間のストーリー構築には道徳感情の収支決算が影響しますが、その「正しい私は報われ（評価され）るべきだ」という被害者意識がきわめて無責任だということまで、宗教の古典は見せてくれる（〈責任〉という語は第2章第6節のフランクル的な意味で使っています）。人間は物語る動物であるおかげで社会を作って生きていけますが、その副作用を看破する点にこそ、宗教の凄みを感じます。

信仰もまたストーリーになる

　米国という国は、建国の理念からしてキリスト教と深い関係にありました。二一世紀にはいってからも、ジョージ・ブッシュ大統領が対テロリズムの戦闘を〈十字軍〉と呼んだことがあります。保守派とされるキリスト教右派や根本主義者《ファンダメンタリスト》（原理主義者とも訳されうる語です）は、聖書のストーリーは無謬《むびゅう》であると主張し、学校で進化論を教えることに反対し、神が世界や人間を創ったとする創造説のストーリーを教えるべきだと主張しています。二〇〇四年の調査では、米国人の半数強が創造説を信じているという結果が出ました（http://www.cbsnews.com/news/poll-creationism-trumps-evolution/）。

このように米国は、世界最大の宗教国家でもあります。哲学者で認知科学者のダニエル・デネットや英国の進化生物学者リチャード・ドーキンスが、宗教心という現象に人文・自然科学の方法でアプローチしようとするたびに、米国では数多くの人がそれを激しく批難してきました。

その信仰心の篤《あつ》い人たちはほんとうに、科学者の一五センチ下の地面にしっかり立って安《あん》心立命《じんりゅうみょう》できているのでしょうか？　ひょっとしたらその人たちは、ほかでもない「篤信な私」という〈小我〉にしがみつくあまり、聖書という物語のストーリーを現実視し、聖書から見た異説全般を〈崖〉のように恐れるにいたったのではないでしょうか？　彼らこそ、崖につかまってふるえているのでは？

信仰も執着になれば手放す

デネットは、さきのジェイムズの『宗教的経験の諸相』を引用しつつ、つぎのように書いています。〈信仰復興運動の指導者のように、私は、タブーを破ることを恐れるあなたがたに、宗教的な人々に、向かって言おう、さあはじめよう、と。あなたがたは、落ちたことにほとんど気づくことはないだろう。私たちが科学的に宗教を研究するのに取りかかるのが早ければ早いほど、あなたがたの奥底にある恐怖はすぐに和らげられるだろう〉（『解明される宗教　進化論的アプローチ』阿部《あべ》文彦《ふみひこ》訳、青土社）

〈おのれひとり〉の〈がんばり〉も、信仰も、放蕩しないマジメ長男の「褒められたくていい子」路線も、「子どもを思ういい母親」路線も、クラスメイトやママ友との息苦しい人づきあいも、なんであれひとつのストーリーメイキングを正しいとして執着したとたん、足もとに〈懸崖《クリフ》〉があらわれる。怖いけど、しがみつかずに手を放す選択肢はいつでもあります。

　初期キリスト教使徒パウロの「ローマの信徒への手紙」（紀元五六？）第九章第三節は、〈わたし自身、兄弟たち〔……〕のためならば、キリストから離され、神から見捨てられた者となってもよいとさえ思っています〉（新共同訳）というものでした。

　この一節を、マイスター・エックハルトという神秘主義者神学者が、過激にパラフレーズしました。この人は、『歎異抄』がまとめられたのと同じ時期にフランスとドイツで活躍し、死後間もなく異端とされた人です。エックハルト全集の一二番目の説教のなかで、彼はこんなことを言っています――〈人が捨て去ることのできる最高にして究極のものとは、神のために神を捨て去るということである〉（田島照久《たじまてるひさ》訳『エックハルト説教集』所収、岩波文庫）。

こんなことを書けば、たしかにローマ教会に（米国保守派にも）嫌われそうです。

エックハルトのこの言葉を初めて読んだとき、唐末九世紀の僧・臨済《りんざい》の弟子たちが師の言行をまとめた『臨済録』に出てくる〈仏に逢《あ》ったなら仏を殺せ〉というフレーズを思い出しました。

神仏だって、執着してしまえば神でも仏でもなく、荷札に「神」「仏」と書いて貼った〈小我〉の投影にすぎません。「正義」「平等」「愛国」「恋愛」「芸術」「文学」その他素敵な理想に執着して、「間違っている彼らは正しい私によって攻撃されてもしょうがない」という他責的ストーリーを生きることもできます。他方、怖いけど、素敵な理想をえいっと手放すという選択肢もあります。

僕たち人間は日常、世界をストーリー形式で認知しています。そのとき、僕たちはストーリーの語り手であると同時に読者であり、登場人物でもあるのです。物語る動物としては、自分や他人のストーリーに押しつぶされたり、自分のストーリーで人を押しつぶしたりせずに、生きていきたいものです。

【第5章のまとめ】

・人はストーリーを理解しようとするとき、登場人物の信念や目的を推測・解釈している
・他人の目的や信念を推測する「心の理論」は四歳ごろに発達する
・自分がなにを知らないかを知ることは難しい
・人はストーリーや世界のなかで多くのことを決めつけて生きている
・自分の生きる指針《ライフストーリーメイキング》のせいで苦しむこともある
・従来の生きる指針《ライフストーリーメイキング》を捨てるのは先の保証がなく、崖から落ちるくらい怖いが、そうする自由はつねにある

日本語で読める読書案内

重要度では劣らないけれど、紙数の都合で本書では取り上げられなかったものもご紹介します。**まず読んでほしい、苦しむ人のためのライフストーリー**。本書では『黒子のバスケ』連続脅迫事件の渡邊博史被告の最終陳述を取り上げましたが、それ以外に読んでいただくと見通しがよくなる文献があります。具体的に苦しんだ人のライフストーリーとして、雨宮まみ『女子をこじらせて』(幻冬舎文庫)と豊島ミホ『大きらいなやつがいる君のためのリベンジマニュアル』(岩波ジュニア新書)があります。歴史上の人物の事例では、頭木弘樹『カフカはなぜ自殺しなかったのか?』(春秋社)が、本書で取り上げた小説『変身』の作者の人生に迫っています。

ストーリー研究については、本書ではライアンの『可能世界・人工知能・物語理論』(水声社)に依拠し、必要に応じてジュネット、トドロフの著作を参照し、いくつかの小説や戯曲、神話や民話から例を挙げました。これ以外にエーコ『物語における読者』(青土社)とフライ『批評の解剖』(法政大学出版局)が本書の大きな支えとなっています。物語論の入門書としては橋本陽介『ナラトロジー入門』(水声社)とマルティネス+シェッフェル『物語の森へ』(法政大学出版局)がすぐれています。

発話と表現をめぐって、本書では進化生物学者ダンバー、人類学者でサイバネティクス研究者のベイトソン、言語学者ヤコブソンらの言語論を取り上げました。併読するとよいものにスペルベル+ウィルソン『関連性理論』(研究社)、フォコニエ『メンタル・スペース』(白水社)、ジュネット『物語のディスクール』『物語の詩学』、ブース『フィクションの修辞学』(以上水声社)、バルト「現実効果」(『言語のざわめき』みすず書房)、アウエルバッハ『ミメーシス』(ちくま学芸文庫)があります。小説論では「小説における時間と時空間の諸形式」(『ミハイル・バフチン全著作5』水声社)、フィクション論ではライアン前掲書とウォルトン『フィクションとは何か』(名古屋大学出版会)、三浦俊彦『虚構世界の存在論』(勁草書房)が決定的な仕事をしています。

解釈と学習についての示唆的な考察がウィーナー『サイバネティックス』(岩波文庫)、ホフスタッター『メタマジック・ゲーム』(白揚社)、渡辺慧『知るということ』(ちくま学芸文庫)、イーザー『行為としての読書』(岩波書店)にあります。

因果関係の問題については生物学者池田清彦、認知神経科学者ガザニガ、動物行動学者・

心理学者のジェインズ、教育心理学者の山鳥重と西林克彦、哲学者ヒューム、ラビ（ユダヤ教指導者）のクシュナー、批評家バルト、小説家フォースターの説に言及し、『方丈記』、旧約聖書『列王記』、折口信夫の事例を本書で取り上げました。本書で論じなかった「偶然」の問題についてはケストラー『偶然の本質』（ちくま学芸文庫）、九鬼周造『偶然性の問題』（岩波文庫）などに教えられるところがあります。

神話《ミュトス》については人類学者ボイヤー、神話学者ブルケルト、記号学者のロトマンとトポロフ、文芸学者ヨレス、批評家カーモウドの諸説に依拠しました。読みやすい入門書にキャンベル『生きるよすがとしての神話』（角川ソフィア文庫）があります。

物語的アイデンティティについてはメッツィンガー『エゴ・トンネル』（岩波書店）、リクール『他者のような自己自身』（法政大学出版局）、ダマシオ『デカルトの誤り』（ちくま学芸文庫）をごらんください。自我というものの仮説性についてはマトゥラーナ＋バレーラ『知恵の樹』（同）、ノーレットランダーシュ『ユーザーイリュージョン』（紀伊國屋書店）、ベルタランフィ『一般システム理論』、ヴァイツゼッカー『ゲシュタルトクライス』（以上みすず書房）、ユクスキュル『生物から見た世界』、ブーバー『我と汝 対話』（以上岩波文庫）、西田幾多郎『善の研究』（講談社学術文庫）、鈴木大拙『無心ということ』（角川ソフィア文庫）も。

世界観と人生の意味をめぐっては認知心理学者のピンカーとブルーナー、脳外科医・精神科医のフランクル、哲学者のアリストテレス、スピノザ、ニーチェに言及しましたが、他にポランニー『暗黙知の次元』（ちくま学芸文庫）、三木成夫『内臓とこころ』（河出文庫）、クラーゲス『表現学の基礎理論』（勁草書房）、魚川祐司『仏教思想のゼロポイント』（新潮社）、石原吉郎『望郷と海』（みすず書房）、ティリッヒ『生きる勇気』（平凡社ライブラリー）にヒントがあります。

感情をめぐって本書では動物行動学者ド・ヴァール、認知心理学者ブルーム、臨床心理学者エリス、哲学者のエピクテトスとアラン、初期仏典の説を紹介しました。

僕たちは**自分のライフストーリーをどう編集していけばよいか**。哲学者・認知科学者のデネット、哲学者・心理学者のウィリアム・ジェイムズ、精神科医高橋和巳の説を紹介し、神学者エックハルト、新約聖書から『ルカによる福音書』『ローマの信徒への手紙』、禅門の『臨済録』『無門関』『碧巌録』、浄土門の『選択《せんちゃく》本願念仏集』『歎異抄』から例を取っています。二村ヒトシ『なぜあなたは「愛してくれない人」を好きになるのか』（文庫ぎんが堂）は一見女性向けの恋愛本に見えますが、そのじつ家族心理の問題に真正面から取り組み、恋愛だけでなくビジネスや教育、芸術へと延長して適用できる、たいへんに効きめのある本です。

あとがき

人間は物語を必要としている、とよく言われます。二〇一一年の東日本の大地震のあとには、とくによく言われました。なんだかまるで人間が、自分の外にある日光や水や酸素と同じように、物語を外から摂取することが必要であるかのようです。

本書の主張は違います。人間は生きていると、二酸化炭素を作ってしまいます。そして人間は生きていると、ストーリーを合成してしまいます。人間は物語を聞く・読む以上に、ストーリーを自分で不可避的に合成してしまう。というのが本書の主張なのです。

生きていて、なにかを喜んだり楽しんだり、悲しんだり怒ったり、恨んだり羨んだりするのは、その「物語」による意味づけのなせるわざです。「喜んだり楽しんだり」の部分だけを拾って生きることができればいいのですが、なかなかそうはいきませんねえ。「苦」を生み出しているのが、ほかでもない「喜んだり楽しんだり」の部分だったりする。

物語のせいで「人間は（自分は）なんのために生きているのか？」という問が立ち上がる。安易な答に飛びつけば裏切られる。誠実な人だったら、答が出せずに余計苦しい。答なんて出なくて当然です。定義の曖昧な贋の問ですから。しかし、ものすごくつらい思いをしている人、苦しい目にあった人にとっては、それでも切実な問なのです。

物語論《ナラトロジー》と呼ばれる研究分野の一部門である「筋《プロット》」研究には、それなりに人間学的な背景があります。「筋《プロット》」研究およびそれを支える人間学の知見に触れるたびに僕は、自分を支える力が回復するような気がします。本書ではその人間的背景をできるだけわかりやすく書いてみました。《webちくま》に二〇一六年四月から一七年正月まで一八回連載した「人生につける薬　人間は物語る動物である」に加筆修正したものが本書です。

筑摩書房の鶴見智佳子さんには気長に励ましていただき、連載時の「人生につける薬」という題もつけていただきました。シャルロット井上さんに素敵な挿画をいただきました。多くの人びとと言葉をやり取りすることで、さまざまなヒントをもらうことができました。ありがとうございます。

二〇一七年正月、神戸　人を待ちながら

千野帽子

ちくまプリマー新書

113 中学生からの哲学「超」入門
——自分の意志を持つということ
竹田青嗣
自分とは何か。なぜ宗教は生まれたのか。なぜ人を殺してはいけないのか。満たされない気持ちの正体は何なのか……。読めば聡明になる、悩みや疑問への哲学的考え方。

238 おとなになるってどんなこと？
吉本ばなな
勉強しなくちゃダメ？　普通って？　生きることに意味はあるの？　死ぬとどうなるの？　人生について、生まれてきた目的について吉本ばななさんからのメッセージ。

074 ほんとはこわい「やさしさ社会」
森真一
「やさしさ」「楽しさ」が善いとされ、人間関係のルールである現代社会。それがもたらす「しんどさ」「こわさ」をなくし、もっと気楽に生きるための智恵を探る。

169 「しがらみ」を科学する
——高校生からの社会心理学入門
山岸俊男
社会とは、私たちの心が作り出す「しがらみ」だ。「空気」を生む社会そのものの構造を解き明かし、自由に生きる道を考える。KYなんてこわくない！

106 多読術
松岡正剛
読書の楽しみを知れば、自然と多くの本が読めます。著者の読書遍歴をふりかえり日頃の読書の方法を紹介。さまざまな本を交えながら、多読のコツを伝授します。

ちくまプリマー新書

226 何のために「学ぶ」のか
――〈中学生からの大学講義〉1
外山滋比古／前田英樹／今福龍太／茂木健一郎／本川達雄／小林康夫／鷲田清一
大事なのは知識じゃない。正解のない問いを、考え続けるための知恵である。変化の激しい時代を生きる若い人たちへ、学びの達人たちが語る、心に響くメッセージ。

227 考える方法
――〈中学生からの大学講義〉2
永井均／池内了／管啓次郎／萱野稔人／上野千鶴子／若林幹夫／古井由吉
世の中には、言葉で表現できないことや答えのない問題がたくさんある。簡単に結論に飛びつかないために、考える達人が物事を解きほぐすことの豊かさを伝える。

228 科学は未来をひらく
――〈中学生からの大学講義〉3
村上陽一郎／中村桂子／佐藤勝彦／高薮縁／西成活裕／長谷川眞理子／藤田紘一郎／福岡伸一
宇宙はいつ始まったのか？ 生き物はどうして生きているのか？ 科学は長い間、多くの疑問に挑み続けている。第一線で活躍する著者たちが広くて深い世界に誘う。

229 揺らぐ世界
――〈中学生からの大学講義〉4
立花隆／岡真理／橋爪大三郎／森達也／藤原帰一／川田順造／伊豫谷登士翁
紛争、格差、環境問題……。世界はいまも多くの問題を抱えて揺らぐ。これらを理解するための視点は、どうすれば身につくのか。多彩な先生たちが示すヒント。

230 生き抜く力を身につける
――〈中学生からの大学講義〉5
大澤真幸／北田暁大／多木浩二／宮沢章夫／阿形清和／鵜飼哲／西谷修
いくらでも選択肢のあるこの社会で、私たちは息苦しさを感じている。既存の枠組みを超えてきた先人達から、見取り図のない時代を生きるサバイバル技術を学ぼう！

chikuma primer shinsho

ちくまプリマー新書273
人《ひと》はなぜ物語《ものがたり》を求《もと》めるのか
二〇一七年三月十日　初版第一刷発行
二〇二一年二月十日　初版第九刷発行
著者　千野帽子（ちの・ぼうし）
装幀　クラフト・エヴィング商會
発行者　喜入冬子
発行所　株式会社筑摩書房
東京都台東区蔵前二-五-三　〒一一一-八七五五
電話番号　〇三-五六八七-二六〇一（代表）
印刷・製本　中央精版印刷株式会社
ISBN978-4-480-68979-5 C0295 Printed in Japan
© CHINO BOSHI 2017
乱丁・落丁本の場合は、送料小社負担でお取り替えいたします。
本書をコピー、スキャニング等の方法により無許諾で複製することは、法令に規定された場合を除いて禁止されています。請負業者等の第三者によるデジタル化は一切認められていませんので、ご注意ください。